Allez **plus loin que vos** rêves

Chez le même éditeur
du même auteur

Allez au bout de vos rêves : le sens du succès grâce au marketing de réseau, éditions Un monde différent, Brossard, Québec, 2007, 288 pages.

PAR L'AUTEUR DU BEST-SELLER
ALLEZ AU BOUT DE VOS RÊVES

TOM BARRETT, Ph.D.

Allez **plus loin que vos** rêves

LE SUCCÈS EXISTE !
ALORS FAITES-LE ENTRER DANS VOTRE VIE
GRÂCE AU MARKETING RELATIONNEL

UN MONDE DIFFÉRENT

Catalogage avant publication de Bibliothèque et Archives nationales du Québec et Bibliothèque et Archives Canada

Barrett, Thomas J.

[Success happens! Français]

Allez plus loin que vos rêves : le succès existe! : alors faites-le entrer dans votre vie grâce au marketing relationnel / Tom Barrett ; version française, Jocelyne Roy.

Traduction de : Success happens!

ISBN 978-2-89225-980-3

1. Vente par marketing relationnel. 2. Succès dans les affaires. I. Titre. II. Titre : Success happens! Français.

HF5415.126.B37214 2018 658.8'72 C2018-941566-5

Adresse municipale :
Les éditions Un monde différent
3905, rue Isabelle, bureau 101
Brossard (Québec) Canada
J4Y 2R2
Tél. : 450 656-2660 ou 800 443-2582
Téléc. : 450 659-9328
Site Internet : www.umd.ca
www.facebook.com/EditionsUnMondeDifferent
Courriel : info@umd.ca

Adresse postale :
Les éditions Un monde différent
C. P. 51546
Greenfield Park (Québec)
J4V 3N8

Cet ouvrage a été publié en anglais sous le titre original :
SUCCESS HAPPENS! LET IT HAPPEN FOR YOU IN NETWORK MARKETING
Publié par Business/Life Management, Inc.
43543 Butler Place, Leesburg, Virginia 20176

Dépôts légaux : 3e trimestre 2018
Bibliothèque et Archives nationales du Québec
Bibliothèque et Archives Canada
Bibliothèque nationale de France

Conception graphique de la couverture :
OLIVIER LASSER

Version française :
JOCELYNE ROY

Photocomposition et mise en pages :
ANDRÉA JOSEPH [pagexpress@videotron.ca]

Typographie : Adobe Garamond 13 sur 16 pts

ISBN 978-2-89225-980-3

Financé par le gouvernement du Canada | Canada

Gouvernement du Québec – Programme de crédit d'impôt pour l'édition de livres et l'aide à l'édition – Gestion SODEC.

IMPRIMÉ AU CANADA

À Lindsay et Stephanie
(la prochaine génération d'entrepreneurs)

Vous avez le feu vert, vous pouvez décoller

et voler dans la direction de vos rêves

Avec tout mon amour, papa

TABLE DES MATIÈRES

REMERCIEMENTS

L'écriture d'un livre ressemble beaucoup au succès dans l'univers du marketing relationnel... C'est un travail d'équipe. Et une équipe formidable m'a entouré pendant la rédaction de cet ouvrage.

Joel Goins — Ta connaissance des *fondements* du marketing relationnel et ton respect des gens qui évoluent dans cette industrie sont contagieux. Tu es à la fois mon mentor et mon ami. Merci de l'aide que tu m'as apportée avec les idées et le manuscrit.

Bryan Grimmer, Ph. D. — Pendant nos parties de golf, tu n'as jamais cessé de m'encourager à enseigner aux autres ce qu'est l'entrepreneuriat et la façon de réussir. Merci d'avoir cru en moi et dans la valeur de ce travail.

Joe et Sherry Robinson — Seuls les gens spéciaux et les véritables amis prennent le temps de lire les premières ébauches d'un manuscrit. Merci pour vos précieuses remarques et suggestions. L'industrie du marketing relationnel a la chance de vous avoir comme modèles pour la constitution d'une équipe et la création d'une entreprise où vont de pair vision, dur labeur, amour et intégrité. Je suis heureux de vous compter parmi mes amis.

Uma Outka, rédactrice en chef du magazine *Upline* — J'ai été honoré de collaborer avec toi lors de la rédaction de ce livre. Tes compétences rédactionnelles et ta connaissance du marketing relationnel ont été de précieux atouts. Merci d'avoir sincèrement cru que ce livre apporterait une contribution significative dans notre industrie. (Et merci pour les rires qui ont su rendre notre travail acharné beaucoup plus agréable.)

Linda Barrett — Merci pour toutes ces heures passées à m'écouter exposer mes idées, à lire mes ébauches et à peaufiner mon travail. Tout comme ma vie, ce livre ne serait pas complet sans toi.

Mes auditoires — J'ai eu l'honneur d'offrir de la formation et de prendre la parole auprès de milliers d'individus évoluant dans l'industrie du marketing relationnel. Ils ont appris auprès de moi, et j'ai appris tout autant auprès d'eux. Si vous faites partie de ces gens à qui je me suis adressé, merci de la passion avec laquelle vous avez affirmé que les idées et les habiletés contenues dans cet ouvrage sont essentielles à la réussite. Vos lettres, vos courriels et vos commentaires de vive voix m'ont aidé à maintenir ma trajectoire et à garder bien vivant mon enthousiasme tout au long de la rédaction de cet ouvrage. Maintenant qu'il est achevé, puisse-t-il accélérer la croissance de votre équipe et accroître votre succès personnel.

INTRODUCTION

John et moi contemplions les mêmes tableaux. Il était excité. J'étais tout au plus intrigué. Il les regardait avec émerveillement. Et je me demandais ce qu'il y voyait de si captivant. Il était rempli d'admiration. J'étais mal à l'aise.

Je ris encore lorsque je repense à ce moment. John était l'un des personnages les plus aimés et des plus en vue de Chicago. Il m'avait invité chez lui pour mieux me connaître et en apprendre davantage sur mon plan de carrière. J'avais 21 ans, je venais de terminer mes études et je ne connaissais absolument rien aux tableaux qui étaient accrochés au mur de sa salle de séjour : trois originaux de Norman Rockwell.

Le marketing relationnel me rappelle ce jour où John et moi avons regardé ces toiles ensemble. Certains individus contemplent le marketing relationnel et en voient immédiatement la valeur, la sagesse et le potentiel. D'autres se demandent pourquoi cette industrie suscite un tel enthousiasme chez les gens qui y évoluent. Comme moi, à l'âge de 21 ans, ils n'y comprennent absolument rien. Ils n'ont aucune idée de ce qui se trouve devant eux.

Pourquoi est-il si facile de ne pas « voir » le génie stratégique du marketing relationnel ? Il y a de nombreuses raisons à cela, et certaines d'entre elles n'ont aucun lien avec l'industrie elle-même. Par exemple :

- La plupart des gens ont été formés pour devenir des employés, et non des entrepreneurs.
- De nombreux individus ont reçu la permission de rêver, mais on ne leur a jamais montré comment les rêves deviennent réalité.
- De nombreux individus se sont fait dire qu'il est très bien d'espérer ce que la vie a de meilleur à offrir, mais on ne leur a pas indiqué comment l'obtenir.
- La plupart des gens savent comment travailler pour gagner de l'argent, mais ils ignorent comment le marketing relationnel peut créer une source de revenus qui travaillera *pour eux*.

Je suppose que si vous avez commencé à lire ce livre, c'est que vous avez au moins une petite idée de ce qu'est le marketing relationnel et que vous sentez qu'il peut vous apporter quelque chose. Mon but est de vous aider à voir le génie et le potentiel de cette industrie.

Je me propose également, que vous soyez novice ou expérimenté, de vous donner un aperçu de la mentalité des gens qui réussissent. Cet ouvrage vous aidera à comprendre comment ils pensent, demeurent concentrés sur leur objectif, et gagnent. Il vous proposera des techniques d'écoute et d'interaction indispensables si vous voulez réussir. De plus, il vous enseignera des concepts qui n'ont jamais été abordés en profondeur dans un ouvrage traitant de marketing relationnel :

la psychologie qui sous-tend la compréhension et la gestion de la peur ; la dignité cachée du marketing relationnel ; et comment cette industrie permet aux gens de créer la richesse et un revenu résiduel à partir de deux sources de revenus.

Par souci de simplification, j'ai choisi d'utiliser l'expression « marketing relationnel » tout au long de cet ouvrage même si l'appellation « marketing à paliers multiples » aurait été tout aussi appropriée[1]. De la même manière, j'ai choisi le mot « représentant » pour désigner les gens qui évoluent dans cette industrie, et ce pour une raison qui n'est aucunement scientifique (on peut aisément l'abréger en « rep »). Si vous ou votre organisation utilisez le terme distributeur ou consultant, sachez que le mot représentant vous inclut. « Rep » est tout simplement un terme moins lourd, tant pour l'auteur que le lecteur.

Allez plus loin que vos rêves est la suite de *Allez au bout de vos rêves.* Ces deux ouvrages forment un tout. Vous pouvez très bien commencer par celui-ci, mais je vous suggère de lire d'abord *Allez au bout de vos rêves*, car vous y trouverez les fondements sur lesquels s'appuie le présent ouvrage.

Dans un cas comme dans l'autre, permettez-moi de vous donner un dernier conseil : ne vous contentez pas de lire ces ouvrages une seule fois pour y puiser une motivation ponctuelle. Lisez-les à plusieurs reprises pour en tirer le maximum. Chaque lecture vous offrira un éclairage nouveau sur l'industrie. Joignez-vous aux milliers de leaders qui ont utilisé ces livres comme une ressource et un guide d'étude avec leur

1. Notez que dans le premier volume de la série, l'auteur parlait de « marketing de réseau ». Mais pour refléter l'usage actuel, il utilise désormais l'appellation « marketing relationnel ». (Note de la traductrice)

lignée descendante (*downline)*, lisant et étudiant chaque chapitre en groupe.

Mon but n'est pas de vous inspirer pendant un bref moment, mais de transformer du tout au tout votre mentalité et votre vie. Mon but est de vous enseigner comment pensent et travaillent les entrepreneurs ; comment et pourquoi le succès est possible ; et comment apprécier à sa juste valeur tout ce que cette industrie extraordinaire peut vous apporter. Un but moins ambitieux serait une perte de temps pour vous comme pour moi. N'oubliez pas : Allez plus loin que vos rêves ! Poursuivez votre lecture et faites-le entrer dans votre vie.

— Tom Barrett, Ph.D.

Chapitre 1

LES RÊVES : LE CARBURANT DU SUCCÈS

L'agente de bord s'est penchée vers moi et a murmuré : « Je la cherche. »

Nous étions à bord d'une navette qui reliait en une heure Bemidji, au Minnesota, à Minneapolis. Nous n'étions que 31 passagers et mon siège se trouvait dans la première rangée. Lorsque l'agente s'est assise, elle s'est littéralement retrouvée face à moi, nos genoux se touchant presque. Dans un espace aussi exigu, j'ai pensé qu'il valait mieux passer un moment agréable avec cette personne. Après un bref échange de menus propos, elle m'a dit ce qu'elle cherchait.

Le manifeste de vol indiquait que l'un des passagers n'était nul autre qu'une personne dont on avait parlé dans les bulletins d'informations nationaux cette semaine-là – une célibataire de 21 ans dont la vie avait été transformée instantanément et de façon irrévocable et spectaculaire. Quatre jours plus tôt, cette femme avait remporté le gros lot de la loterie américaine Powerball, soit 150 millions de dollars.

Après l'atterrissage, je me suis retrouvé dans la zone de récupération des bagages, observant mes compagnons de voyage qui tentaient de deviner lequel d'entre nous venait de remporter tous ces millions. J'aurais aimé faire la connaissance de cette jeune femme et avoir l'occasion de la féliciter. J'étais excité pour elle parce que j'adore voir les gens gagner... même si ce n'est que le fruit du hasard. Fait curieux, je n'arrivais pas à déterminer qui, dans ce petit groupe, avait maintenant une vie complètement différente. Toutes les jeunes femmes présentes auraient pu être cette gagnante.

Dans l'univers du marketing relationnel, la même chose est vraie – dans un groupe de 10 ou 1 000 personnes, tout le monde a une chance égale de gagner. C'est l'un des aspects de notre industrie que je trouve vraiment fascinant. N'importe qui peut voir sa vie et ses finances merveilleusement transformées dans cette industrie dont le chiffre d'affaires annuel est de 80 milliards de dollars. L'âge, l'éducation, l'expérience et la situation financière ne déterminent en rien l'identité de ceux qui prennent place dans le cercle des gagnants. Dans les pages qui suivent, vous apprendrez ce qui distingue ces derniers.

La loterie attire les gens qui souhaitent faire fortune instantanément, sur un coup de dés et sans effort. En revanche, le marketing relationnel attire des gens qui sont plus réalistes. Ils figurent parmi les meilleurs et proviennent de multiples horizons. Ce sont souvent des gens très motivés, travailleurs, ouverts et honnêtes qui osent croire que ce que la vie a de meilleur à offrir se trouve devant eux. Ils savent que c'est à leur portée et ils sont prêts à faire les efforts nécessaires pour connaître le succès qu'ils désirent. Ces gens sont des héros anonymes dans le monde moderne. Ils n'ont pas peur de rêver et ils n'ont pas peur de travailler. Tout ce qu'ils demandent pour se lancer dans l'industrie, c'est une égalité des chances et l'occasion d'être éventuellement rémunérés selon leur valeur. Courageusement, ils veulent tenter leur chance. Et c'est précisément l'occasion qui nous est donnée à tous dans une entreprise de marketing relationnel à domicile.

Mais je constate que la plupart des gens, incluant ceux qui sont issus des meilleurs programmes de MBA, n'ont jamais appris comment travaillent ceux qui réussissent, comment pensent les entrepreneurs, et comment la richesse s'acquiert. Sans ces connaissances, les gens se lancent souvent dans l'univers du marketing relationnel, travaillent très dur en y mettant toute la sincérité du monde, mais n'obtiennent finalement que des résultats médiocres. Au cours du processus, le succès devient un but inatteignable, une énigme non résolue et un mystère.

Alors, retirons le mystère de la notion de succès – maintenant. Veillons à ce que vos efforts soient récompensés et que vous obteniez les meilleurs résultats qu'il est possible de remporter. Dans ce premier chapitre, et tout au long de cet ouvrage, vous verrez comment et pourquoi vous *pouvez* réussir dans l'industrie du marketing relationnel.

LA NATURE DU SUCCÈS

Le succès n'est pas aussi difficile, compliqué ou inatteignable que les gens l'imaginent généralement – et il est beaucoup plus agréable à vivre qu'ils ne l'ont jamais espéré. En fait, l'aspect le plus extraordinaire du succès est sa simplicité trompeuse.

Vous arrive-t-il de vous demander ce qu'ont ou font les gens qui réussissent haut la main et ce qui les démarque de ceux qui réussissent moins bien ? Est-ce une chance incroyable ou un talent remarquable qui leur permet de connaître la vie que les seconds souhaitent sans jamais y parvenir ? Heureusement, le succès a très peu de choses à voir avec la chance ou le talent. Les individus qui réussissent ont plutôt en commun deux qualités uniques. Et il n'est pas nécessaire que celles-ci soient innées ; n'importe qui peut les acquérir, les apprendre et les développer.

Les deux qualités des gens qui réussissent haut la main sont :

1. Ils ont un *rêve.*
2. Ils sont *déterminés.*

À première vue, ces qualités ne sont pas très impressionnantes. Elles ne sont pas nouvelles, novatrices ou profondes. Elles n'ont pas de « sex-appeal ». C'est peut-être pour cette raison que, souvent, les gens qui veulent réussir les négligent. Dans ce chapitre, nous nous pencherons sur la première de ces qualités, alors que la deuxième sera abordée dans le prochain chapitre.

LES INDIVIDUS QUI RÉUSSISSENT ONT UN RÊVE

Helen Keller était sourde et aveugle. De nombreuses années de sa vie ont passé avant qu'elle apprenne à communiquer avec les autres grâce à l'aide d'Ann Sullivan. Longtemps après cette percée, on a demandé à Helen Keller : « Y a-t-il quelque chose de pire que d'être aveugle ? » Elle a répondu : « Oh oui, c'est d'avoir la vue, mais pas de vision. »

Je suis d'accord avec elle. Bien avant que la plupart des gens ne perdent l'usage de leurs yeux, ils commencent à perdre leur vision de la vie. Leur faculté de rêver commence à diminuer. Avez-vous déjà remarqué comment les petits enfants ont de grands rêves alors que les adultes n'en ont que de petits ? La vie a tendance à amoindrir, plutôt qu'à cultiver, notre faculté de rêver – et son érosion n'est pas sans conséquence. Il en résulte que les gens perdent espoir, acceptent le statu quo et n'exploitent pas pleinement leur potentiel. En fin de compte, cela diminue leur qualité de vie et leur contribution dans le monde.

Pourquoi les rêves sont-ils aussi importants ? Parce que les rêves sont le canevas de la réalité. Ils sont le prototype de ce qui est à venir. Ils sont un aperçu de l'avenir. Et plus un individu voit clairement un avenir positif, plus il vit avec confiance dans le présent. Des rêves réalistes ont l'étrange pouvoir d'engendrer la passion et la vigueur. Ils nous inspirent, ils sont pour nous le carburant qui nous permet de nous propulser vers de nouveaux sommets et de nouveaux mondes. C'est pourquoi Walt Kallestad a écrit : « Les rêves nous aident à voir l'invisible, à croire l'incroyable et à réaliser l'impossible. » Les rêves gardent l'esprit clair, remplissent le cœur d'espoir et renforcent la volonté.

Dans l'univers du marketing relationnel, les rêves sont un volet indispensable du succès. Les gens me demandent souvent de quelle ampleur doivent être leurs rêves. Certains croient que leurs rêves doivent être démesurés, assortis d'une vision globale et avoir un impact. Ils visent si haut qu'ils finissent par être écrasés par le poids de leurs rêves. Ceux-ci les paralysent au lieu de les pousser en avant. D'autres confondent le fait de caresser un rêve valable avec le fait d'être « un rêveur » (ce qui n'est lié ni de près ni de loin). Donc, jusqu'où devez-vous voir grand pour réussir dans notre industrie ? Votre rêve doit-il être colossal ou impressionner les autres ? Non. Votre rêve ne doit être qu'assez grand pour vous permettre de réaliser quatre choses :

- *Votre rêve doit être suffisamment grand pour vous tirer du lit le matin.*
- *Votre rêve doit être suffisamment grand pour vous garder éveillé la nuit.*
- *Votre rêve doit être suffisamment grand pour vous faire ignorer la fatigue.*
- *Votre rêve doit être suffisamment grand pour vous faire surmonter la peur.*

C'est là le rêve dont vous avez besoin. Un rêve moins ambitieux n'est pas suffisant ; plus grand, il ne représentera qu'un avantage supplémentaire.

J'aime énormément côtoyer des gens qui ont des rêves. Ils dégagent une joie, un optimisme et une énergie qui sont contagieux. Ils m'inspirent. Fréquentez ce genre de personnes assez longtemps et vous découvrirez qu'il existe quatre types de rêves : les rêves *pragmatiques* (qui accordent la première place à l'action et à la pratique), les rêves *gratifiants*, les rêves *mémorables* et les rêves *significatifs*.

Les rêves pragmatiques

Vous connaissez ce vieil adage: «La nécessité est mère de l'invention»? C'est un truisme, une évidence. La nécessité et un besoin concret sont souvent des catalyseurs de changement. Ils créent le mouvement, attisent le désir et provoquent la croissance. Comme un levier, ils stimulent les gens qui, autrement, ne tenteraient pas de changer leur situation. Ils les font sortir de leur léthargie. Lorsqu'un individu est prêt à *faire quelque chose* pour répondre à des besoins concrets, il est alors en mesure de comprendre que le marketing relationnel est le véhicule idéal pour transformer ces besoins en rêves pragmatiques. Ils sont des dizaines de milliers d'individus à avoir découvert que la fusion de leurs besoins concrets avec le marketing relationnel a allumé en eux l'étincelle de l'entrepreneuriat dont ils ne soupçonnaient même pas l'existence. Et dans ce processus, leur vie et leurs finances ont été merveilleusement transformées, et ce d'innombrables façons.

Les besoins concrets et les rêves sont comme les deux côtés d'une même médaille – et les gens qui évoluent dans l'univers du marketing relationnel ont tous leurs propres raisons de se lancer en affaires et de rester fidèles à notre industrie. Chaque raison doit être respectée et prise au sérieux. Voici quelques-unes des raisons les plus courantes:

DES RÊVES PRAGMATIQUES COURANTS

- J'aime mon emploi, mais je suis prêt à relever un nouveau défi.
- Je dois me débarrasser de mes dettes.
- Je veux toucher un revenu supplémentaire.
- Je veux cesser de vivre au jour le jour.
- Je veux mettre un peu d'argent de côté.
- Je veux commencer à préparer ma retraite.
- Je veux une nouvelle voiture.
- Je veux une nouvelle maison.
- J'ai besoin d'une assurance maladie.
- Je veux être à la maison plus souvent.
- Je veux que mon conjoint n'ait pas à travailler.
- Je veux mettre un terme à un stress financier chronique.

Ce sont généralement des rêves pragmatiques qui attirent les gens dans l'industrie du marketing relationnel. Ils constituent un point de départ fort légitime. De fait, c'est ainsi que je préfère que les gens commencent – et pour plusieurs motifs. Premièrement, j'ai beaucoup de respect pour l'impact que quelques centaines de dollars supplémentaires peuvent avoir sur la vie d'un individu ou d'une famille. De plus, aux yeux des nouveaux participants, le rêve pragmatique qui consiste à gagner quelques centaines de dollars de plus par mois est à la fois *crédible* et *réalisable* dès le début, tout en étant très *satisfaisant* une fois concrétisé. C'est à ce moment-là qu'ils commencent généralement à réaliser qu'il est *très bien* d'élargir leurs croyances, leurs rêves et leurs attentes dans le marketing relationnel.

Tirez parti de vos rêves pragmatiques. Veillez à ce qu'ils soient clairs, tangibles, importants pour vous et réalisables. Faites en sorte qu'ils soient le carburant qui vous pousse vers l'avant, là où vous souhaitez aller.

Les rêves gratifiants

Les rêves gratifiants sont exactement ce qu'ils laissent entendre – gratifiants ! Alors que les gens commencent à vivre sans uniquement tenter de survivre financièrement, ils se donnent la permission de caresser des rêves gratifiants. Et ces rêves sont très importants. Ils sont une source d'énergie et d'inspiration. Ils nous donnent un but et l'envie de travailler pour l'atteindre. Le seul fait de penser aux choses gratifiantes que nous avons l'intention de faire ou d'avoir peut influer sur notre état d'esprit. Ces rêves ont une raison d'être positive et significative.

En général, la concrétisation des rêves gratifiants nécessite un revenu disponible, mais pour de nombreux individus, la marge de manœuvre est si serrée qu'il n'y a pas de place dans leur vie pour le plaisir ou les frivolités. (Ou bien ils cèdent au plaisir alors qu'ils ne peuvent pas vraiment se le permettre. Cela ne fait qu'accroître leurs dettes et la pression, une source de stress et non de satisfaction.) Des millions d'individus ont des moyens financiers tellement limités qu'ils ne peuvent même pas *espérer* concrétiser des rêves gratifiants. Mois après mois, ils se débattent pour faire face à des dépenses qui semblent toujours augmenter : voiture, loyer ou hypothèque, services publics, vêtements, école, etc. Et pendant ce temps, ils espèrent être en mesure de mettre un peu d'argent de côté afin de prendre des vacances. Quand cela dure depuis un certain temps, on peut aisément comprendre pourquoi les gens abandonnent leurs rêves gratifiants. Ils savent qu'ils sont prisonniers d'un cycle : ils commencent chaque année avec l'espoir de s'en sortir et terminent chaque année en tentant de garder la tête hors de l'eau. Essayons de comprendre pourquoi il en est ainsi.

L'argent est vraiment une denrée très simple. Il n'y a que cinq choses que nous pouvons faire avec lui :

LES CINQ FAÇONS D'UTILISER L'ARGENT

1. L'argent peut être utilisé pour rembourser des dettes.
2. L'argent peut servir à payer des impôts.
3. L'argent peut être dépensé.
4. L'argent peut être donné.
5. L'argent peut être épargné ou investi.

Vous arrive-t-il de vous poser la question suivante : *Mais où est allé tout mon argent ?* Sans exception, il est allé dans l'une de ces cinq catégories. Qu'arrive-t-il à l'argent gagné par la plupart des individus qui travaillent dur ? Examinez la liste. Les deux premiers éléments, le remboursement des dettes et le paiement des impôts sont non négociables. On doit les payer. Lorsque combinées, ces sommes représentent un pourcentage significatif du revenu de la plupart des gens. Et ce qui reste disparaît rapidement dans la troisième catégorie. Il est consacré aux « nécessités de la vie », les dépenses mensuelles courantes.

Pour de nombreux individus, les trois premières catégories laissent peu de place aux deux dernières, les dons et l'épargne. Cette dispersion rapide et constante de sommes limitées fait en sorte que les gens repoussent les rêves gratifiants tout en bas de leur liste de priorités, si bas qu'ils finissent par y renoncer. Ils n'ont tout simplement pas assez d'argent pour s'attarder à cette importante catégorie. C'est pour cette raison que tant de gens commencent avec des rêves pragmatiques lorsqu'ils se lancent en affaires. C'est tout ce qu'ils peuvent voir !

De nombreux individus ont passé tant d'années à « tout simplement exister » financièrement parlant que les rêves gratifiants ne font carrément pas partie de leur vision du monde. Tout d'abord, ils sont incapables d'imaginer avoir ou faire des choses uniquement pour le plaisir. C'est une habileté qu'ils doivent réapprendre. D'autres sentent une « fausse culpabilité » parce qu'un rêve gratifiant leur apparaît exagéré ou futile. Faites-moi confiance – si vous mettez en pratique le contenu de ce livre, vous aurez un revenu qui vous permettra de concrétiser les quatre types de rêves et vous pourrez utiliser votre argent des cinq façons décrites plus haut.

En ce qui me concerne, j'ai toujours une liste détaillée des quatre types de rêves. J'adore biffer ceux que j'ai réalisés et les remplacer par de nouveaux projets. Quel est mon prochain rêve gratifiant ? Il est complètement superficiel, je ne le nie pas. Il est apparu alors que je prononçais un discours devant un groupe de représentants à Milwaukee, au Wisconsin.

C'est là-bas que je me suis rappelé que la ville était le siège social de l'un des plus célèbres fabricants de motocyclettes du monde : Harley-Davidson. J'ai également appris que la ville est le théâtre d'une parade annuelle de propriétaires de Harley à laquelle il est fort amusant de participer.

De plus, j'ai découvert que Harley-Davidson fêterait bientôt son 100e anniversaire et que plus de 100 000 motocyclistes prendraient part au défilé. Tout le monde s'attendait à ce que cela soit grandiose. Et devinez qui en fera partie ? C'est exact, j'ai décidé d'acheter une Harley parce que j'envisage de participer à ce défilé. Ce rêve est-il d'une grande importance ? Non. Est-il pragmatique ? Non. Est-il significatif ? Pas vraiment. Alors, pourquoi vais-je le réaliser ? Parce que je le peux et parce que cela m'apportera beaucoup de plaisir. Ce sont des raisons suffisantes !

> **« Le rêve est le premier ingrédient indispensable au succès. »**

Je taquine souvent mes amis en leur disant que je travaille dur afin de pouvoir jouer dans la cour des grands. Et c'est vraiment ce que je fais. Voyez les choses en face – si vous avez du temps, mais pas d'argent, ou de l'argent, mais pas de temps, alors vous n'êtes pas réellement libre de jouir pleinement de la vie. Nous avons besoin de temps et d'argent, simultanément. C'est pourquoi je suis un si grand adepte du marketing relationnel – cette industrie qui donne à tous une chance de concrétiser ses rêves pragmatiques et d'avoir du temps et de l'argent à consacrer à des rêves gratifiants.

Alors, réapprenez à rêver ! Donnez-vous la permission de commencer à caresser des rêves gratifiants. Mettez-les par écrit, parlez-en et permettez-leur de vous apporter de la joie avant même leur concrétisation. Il est étonnant de constater à quel point ils viendront enrichir la couleur et améliorer le goût de votre quotidien. Ne soyez pas gêné ou ne vous sentez pas coupable si vous avez des rêves gratifiants. Il importe peu qu'ils semblent ridicules ou futiles aux yeux des autres. Ce sont vos rêves et vous devez vous donner le droit de profiter de votre succès à votre façon.

Comme nous le verrons plus loin, l'une des caractéristiques de la dignité cachée de cette industrie est la liberté qu'elle donne aux gens – une liberté qui va au-delà du temps et de l'argent. Elle fait disparaître la pression, l'anxiété, l'inquiétude et les contraintes. Lorsque ces éléments sont éliminés, il arrive souvent qu'une personnalité qui avait longtemps été muselée par l'étau du stress économique émerge. On découvre alors une personne qui sait rire, aimer, s'adapter, pardonner, servir et encaisser les coups durs. Le marketing relationnel libère les gens et leur permet d'être le meilleur d'eux-mêmes – et ce n'est pas rien, comme liberté.

Les rêves mémorables

Avez-vous une liste de souhaits ? Y a-t-il des choses vraiment spéciales que vous aimeriez faire ou des lieux que vous aimeriez visiter au cours de votre vie ? C'est ce que nous appelons les rêves mémorables.

Les rêves mémorables sont similaires aux rêves gratifiants tout en étant beaucoup plus significatifs. Leur concrétisation marque des moments forts de notre vie ou des expériences uniques qui se démarquent nettement. Nous attendons fiévreusement de les réaliser et nous en chérissons le souvenir. Nous ne les oublions jamais, car ils s'inscrivent dans une ligue à part. Ils figurent à l'avant-plan de nombreux autres riches moments de notre vie.

Dans l'univers du marketing relationnel, il est très courant et tout à fait opportun de recommencer à rêver, et même de caresser des rêves mémorables. C'est une conséquence naturelle qui découle de la compréhension de l'extraordinaire efficacité, du pouvoir et de la rentabilité du marketing relationnel. La taille et l'ampleur des rêves augmentent de façon exponentielle avec les attentes en matière de succès.

Bien que je considère très important de se rappeler les petits plaisirs de la vie, je sais également qu'il faut souvent de l'argent pour créer des souvenirs. Heureusement que les récompenses financières du succès dans le marketing relationnel rendent la concrétisation de rêves mémorables possible!

Des amis qui ont des enfants adultes disent souvent à la blague qu'il faut de l'argent pour passer des moments de qualité avec eux. Par exemple, de nombreux parents attendent impatiemment que leurs enfants qui étudient au collège viennent passer leurs vacances à la maison. Et bien qu'ils aient attendu cette occasion de voir ces rejetons qu'ils aiment et d'être en leur compagnie, ils réalisent rapidement que les enfants adultes se lassent rapidement de se trouver sous le même toit que maman et papa. Ils veulent les saluer, leur laisser leur sac de lessive, avaler une bouchée sur le pouce et puis aller voir leurs amis – des gens qu'il est « vraiment amusant » de côtoyer.

Dans ce contexte, il est plus qu'optimiste de demander : « Hé, pourquoi ne resterais-tu pas à la maison ce soir ? Nous pourrions faire griller des hamburgers et regarder un film ou jouer à des jeux. » Ce genre d'invitation obtient rarement une réponse telle que : « Super ! Ça ressemble au paradis. Comptez sur moi ! Je téléphone tout de suite à mes amis et j'annule tous nos plans. »

La même chose est vraie avec les enfants mariés. Ils sont à juste titre occupés avec leur propre vie. Lorsque leurs parents les appellent et les invitent pour la soirée ou le week-end, il est facile pour les enfants de dire qu'ils sont trop occupés, fatigués, etc., pour accepter leur offre.

Il y a des choses, toutefois, qui *sauront* retenir l'attention des enfants occupés. Téléphonez-leur et dites-leur que vous allez skier pendant une semaine, ou que vous partez en croisière ou en safari, ou que vous vous envolez outre mer et que vous aimeriez qu'ils vous accompagnent sans qu'il leur en coûte un sou. Vous serez étonné de constater avec quelle rapidité ces enfants terriblement occupés seront soudainement en mesure de réorganiser leur emploi du temps et de se libérer pour une semaine entière ! Il faut de l'argent pour créer des souvenirs.

Les représentants comprennent que le succès dans cette industrie leur apporte ceci : la possibilité de vivre pleinement, de rire, de s'amuser et de créer joyeusement des souvenirs avec des gens qu'ils aiment. Croyez-moi, cela vaut largement tout le travail que vous abattrez dans votre entreprise de marketing relationnel. Et c'est le pouvoir de vos rêves qui vous poussera en avant, dans l'attente qu'ils deviennent réalité.

Les rêves significatifs

Le quatrième type de rêves est à mes yeux le plus profond et le plus satisfaisant. Je les appelle les rêves *significatifs*. La concrétisation de ces rêves nécessite parfois très peu d'argent tout en ayant un impact majeur sur la vie de ceux qui nous entourent et que nous aimons. Vous rappelez-vous ce vieux slogan de AT&T qui se terminait par : « Tendez la main et touchez quelqu'un » ? C'est là la motivation essentielle derrière les rêves significatifs. Ils consistent tout simplement à chercher des moyens de toucher la vie des autres. J'ai découvert que peu de choses sont aussi valorisantes que cela, que l'impact soit petit ou grand.

L'une des principales raisons pour lesquelles j'aime évoluer dans l'industrie du marketing relationnel est la qualité des gens qu'elle attire. Je n'ai jamais rencontré un autre groupe d'individus qui aient un penchant aussi marqué pour les rêves significatifs – et ma vie professionnelle me fait constamment côtoyer des gens qui travaillent aux échelons supérieurs de la politique, du monde des affaires et de l'Internet. Demandez à des représentants *pourquoi* ils demeurent aussi déterminés et travaillent avec autant de zèle, et vous serez impressionné par la noblesse, la gentillesse et la sollicitude qui les caractérisent. Voici quelques exemples :

- Le pasteur d'une petite église dont le rêve est de gagner assez d'argent avec sa petite entreprise à domicile pour être en mesure de servir sa congrégation sans exiger de salaire. Il utilisera alors cette somme pour embaucher un pasteur auxiliaire. Ainsi, à deux, ils pourront aider davantage de gens.

- Le médecin qui fait prospérer son entreprise de marketing relationnel dans le but de pouvoir continuer à offrir des soins gratuits à des personnes dans le besoin.
- Le très grand nombre d'individus qui travaillent à temps plein pendant le jour et qui gèrent une entreprise à domicile le soir dans le but d'améliorer la qualité de vie de leur famille.
- Le couple qui a créé une entreprise de marketing relationnel fort prospère afin de financer la construction d'un établissement de soins palliatifs.
- La dentiste qui a développé son réseau de manière à ce que son mari et elle puissent quitter leur ville pendant des mois et offrir des soins dentaires gratuits dans les pays sous-développés.

Bernie Lavery illustre parfaitement pour moi tout ce qui est bon dans cette industrie – il représente la nouvelle vague de professionnels qui se lancent dans le marketing relationnel. Bernie était dans la cinquantaine lorsqu'il s'est engagé et il avait déjà pris sa retraite. Il était détenteur d'un doctorat en biochimie de l'Université d'État de Pennsylvanie et il avait occupé un poste à la haute direction chez Dupont pendant 30 ans. Il avait très bien réussi et son avenir financier était assuré. Ce n'est pas pour gagner de l'argent qu'il s'est engagé dans cette industrie. Mais alors pourquoi l'a-t-il fait ? Parce qu'il comprenait le pouvoir du revenu résiduel et qu'il adorait aider les autres à découvrir la sagesse du marketing relationnel.

J'ai joué au golf avec lui un vendredi l'an dernier, puis j'ai dîné avec sa femme et lui à leur résidence pour ensuite animer une séance de formation à l'intention des membres de son organisation le lendemain. Nous avons joué, ri et rêvé ensemble. Il adorait sa famille et sa vie. Il ne s'est jamais vanté de sa réussite professionnelle et financière antérieure. Savez-vous ce dont il était le plus fier et dont il parlait le plus ? Du fait que sa fille avait grossi les rangs de son entreprise de marketing relationnel afin de pouvoir rester à la maison avec son nouveau-né. Il était très excité pour elle et son petit-fils !

Malheureusement, Bernie est décédé le mercredi suivant notre rencontre. Tous ceux qui ont eu la chance d'être son ami n'oublieront jamais l'amour qu'il avait pour sa famille et cette industrie, ni la joie que lui apportait la possibilité d'aider les autres. Il savait très bien ce qu'était un rêve significatif.

UNE IDÉE FAUSSE

C'est avec un cynisme flagrant que j'ai d'abord considéré le marketing relationnel. Je me disais que seul un parfait imbécile pouvait s'engager dans cette industrie. J'étais certain qu'elle se situait à la limite de la légalité, de la crédibilité et de la rentabilité, et qu'elle était une perte de temps. Cependant, après une analyse poussée, j'ai réalisé que je me trompais du tout au tout. J'ai été étonné de constater à quel point le modèle opérationnel du marketing relationnel est ingénieux, tout en étant avantageux pour les clients, les sociétés commerciales et les représentants. C'est l'ultime formule gagnante-gagnante-gagnante.

Mais il y a un énorme problème dans cette industrie – une idée fausse qui lui nuit. C'est un problème qui est trop grave pour être ignoré, et peu importe l'excellence de l'entreprise de laquelle vous êtes devenu membre, il existe également dans votre entreprise à domicile. Il faut l'aborder de front. Votre avenir et votre prospérité sont en jeu tant que ce problème fatal n'est pas résolu.

Mais avant de nous y attaquer, permettez-moi de vous poser quelques questions qui pourront vous sembler « saugrenues » de prime abord :

- La veille de Noël, quel est le pire cauchemar d'un parent qui se démène pour emballer des cadeaux à deux heures du matin ? Quels mots peut-il lire sur une boîte et qui soudain le font frémir ? Vous l'avez deviné : *Piles non incluses.*
- Vous est-il déjà arrivé d'acheter une nouvelle voiture, ou une nouvelle « voiture d'occasion », chez un concessionnaire et de constater qu'on vous l'a livrée avec un réservoir d'essence vide ? Ne trouvez-vous pas insultant qu'on n'ait pas pris la peine de faire le plein de ce véhicule que vous avez payé plusieurs milliers de dollars ? Non, mais faut-il être radin !
- Avez vous déjà reçu un carton d'invitation à une fête portant la mention « Apportez votre vin » ?

Ces questions apparemment non pertinentes et sans rapport avec le marketing relationnel illustrent l'idée fausse que l'on se fait de l'industrie. Elles décrivent le problème auquel nous devons faire face et le vide que nous devons remplir. Dans l'univers du marketing relationnel, les piles ne sont pas incluses ; le réservoir d'essence est vide ; et le vin n'est pas fourni. Nous devons également apporter notre rêve, notre passion et notre raison de s'engager.

Apportez votre rêve
Apportez votre passion
Apportez votre raison

Personne ne peut vous les fournir. C'est pourquoi il est d'une importance capitale d'avoir un rêve clair et personnel. Les rêves nous servent de piles. Ils nous servent de carburant pendant ce long voyage qui transformera notre vie. Ils alimentent notre passion, ils justifient la raison pour laquelle nous nous sommes engagés, et ils nous procurent sans relâche l'élan dont nous avons besoin pour avancer. Bref, les rêves nous apportent orientation et détermination ; résolution et carburant ; persévérance et perspective. Cela explique peut-être pourquoi Steve Schulz, l'une des premières personnes à avoir réussi haut la main dans l'industrie du marketing relationnel, nous rappelle que « les rêves sont notre gilet pare-balles ».

C'est également pour cette raison que le rêve est le premier ingrédient indispensable au succès dans *n'importe quelle* activité d'envergure. Il est le carburant qui permet à l'entrepreneur d'avancer. Plus votre rêve sera clair, tangible et personnel, plus il vous soutiendra dans les inévitables moments où la fatigue vous donnera envie de vous reposer, où la peur vous incitera à fuir, et où les gens que vous connaissez vous diront que vous êtes fou.

Donnez-vous la permission de dépoussiérer votre faculté de rêver. Rappelez-vous ce que Tom Mathews, qui gagne des millions de dollars chaque année grâce au marketing relationnel, dit souvent : « Il est impossible d'aller au-delà de ses rêves les plus fous à moins de caresser des rêves fous ! » Ayez donc des rêves pragmatiques, gratifiants, mémorables et significatifs. Ils transformeront non seulement votre vie future, mais ils enrichiront également votre vie actuelle en insufflant en vous espoir, joie, raison d'être et orientation.

Lorsque vous combinerez votre rêve (ingrédient n° 1 du succès) à la détermination (ingrédient n° 2 du succès), vous commencerez à comprendre pourquoi le succès est d'une telle simplicité et entièrement à votre portée. Nous nous pencherons sur la détermination dans le chapitre qui suit.

CHAPITRE 2

LA DÉTERMINATION : COMMENT SE FONT LES FORTUNES

Je peux affirmer sans me tromper que deux des personnes les plus colorées, douées et fascinantes que j'ai jamais rencontrées sont Mike et Monza Cornell. (Combien de gens connaissez-vous qui déménageraient dans une lointaine région montagneuse, construiraient un tipi et y habiteraient pendant deux ans en apprenant auprès des Amérindiens locaux à vivre des produits de la terre, et puis resteraient là-bas encore huit ans sans eau courante ni électricité ?) Juste avant de se lancer dans le marketing relationnel, Mike et Monza étaient propriétaires de l'un des gymnases les plus prospères de la côte Ouest. La liste de leurs clients ne cédait en rien au « bottin mondain » de Hollywood. Spécialistes de la mise en forme, ils étaient les entraîneurs des stars de cinéma, des personnalités publiques et de tous ceux pour qui paraître sous leur meilleur jour faisait partie intégrante de la réussite.

Chaque année, avec la précision d'une horloge, se répétait le même scénario étonnant. En janvier, une foule de nouveaux clients se présentaient au gymnase. Ils signaient et payaient leur abonnement. Ils disaient à Mike ou à Monza : « C'est *cette* année que ça se passe, c'est *maintenant* que je me mets en forme. » Ils allaient bien paraître, se sentir bien et être sages. Ils étaient excités, impatients de s'y mettre et prêts à faire tout ce qu'il fallait pour être en pleine forme. La seule idée de leur transformation physique les gonflait à bloc. Ils ne se trouveraient plus moches et ils auraient enfin une allure d'enfer. Ils avaient un rêve. Ils avaient un désir. Ils avaient un but. Ils avaient hâte de commencer. Ah… vraiment ?

Avec une remarquable prévisibilité, plus de 90 % de ces individus cessaient de se présenter à l'entraînement moins de 30 jours après s'être abonnés au centre ! Que s'était-il passé ? C'était de leur propre gré qu'ils s'étaient présentés au gymnase, qu'ils s'étaient inscrits et qu'ils avaient payé leur abonnement ; personne ne les avait obligés à le faire ; c'était *leur* désir et leur ambition que de mieux paraître et de se sentir bien ; c'est ce qu'ils voulaient. Alors, pourquoi s'inscrivaient-ils en affichant une attitude aussi positive pour vite abandonner les objectifs qu'ils s'étaient eux-mêmes fixés ? Des entraîneurs de premier ordre étaient à leur disposition ; alors pourquoi ne tiraient-ils pas parti de leur expertise ? Pourquoi s'engager à réaliser un rêve pour ensuite renoncer avant même d'avoir la satisfaction de constater des résultats ?

On remarque le même scénario lorsque des individus :

- achètent des équipements de mise en forme, mais ne les utilisent jamais ;
- achètent des chaussures de jogging, mais ne courent jamais ;

- achètent des livres, mais ne les lisent jamais ;
- achètent des DVD, mais ne les écoutent jamais ;
- se proposent d'apprendre à jouer d'un instrument de musique, mais ne s'exercent jamais ;
- souhaitent apprendre une langue étrangère, mais ne s'inscrivent jamais à un cours ;
- se proposent d'apprendre à utiliser un ordinateur ou Internet, mais ne le font jamais ;
- se proposent de trouver le temps de s'adonner à un passe-temps, mais ne le font jamais ;
- ont l'intention d'acquérir de nouvelles compétences professionnelles, mais ne s'inscrivent jamais à un programme de formation continue ;
- songent à rester en contact avec des gens qui sont importants pour eux, mais ne le font jamais ;
- songent à mettre en œuvre une bonne idée commerciale, mais ne s'y mettent jamais ;
- ambitionnent d'écrire un livre, mais ne s'assoient jamais pour le faire ;
- désirent perdre du poids, mais ne modifient pas leur alimentation et ne font jamais d'exercice ;
- souhaitent mieux gérer leur argent, mais ne changent jamais leurs habitudes d'achat ;
- veulent mettre de l'ordre dans leur maison, leur bureau ou leur vie, mais n'arrivent jamais à venir à bout du chaos.

Cela se produit également dans l'industrie du marketing relationnel. Il n'est pas rare que des gens « se présentent, signent et paient » pour ensuite ne pratiquement rien faire au sein de l'entreprise qui les enthousiasmait pourtant au début. Ils rejettent l'occasion qui pourrait très bien leur ouvrir la porte d'une vie entièrement nouvelle.

Vous avez certainement déjà vu une personne dotée d'un potentiel phénoménal et d'un talent exceptionnel, et qui avait des rêves ou des désirs clairement exprimés, se joindre à votre équipe. Vous étiez alors rentré à la maison en songeant : *Oh, j'ai tout un joueur maintenant ! Ce type va remporter un énorme succès dans l'entreprise ! J'ai finalement trouvé la perle rare dont tout le monde rêve dans l'industrie. J'adore le marketing relationnel.* Dix jours plus tard, ce même individu cesse d'assister aux réunions, tarde à vous rappeler et devient « trop occupé » pour développer son entreprise. Que s'est-il passé ? Il s'est dérobé lorsque ses rêves exigeaient de la discipline, lorsque ses attentes nécessitaient des efforts et qu'il aurait dû faire preuve de détermination chaque jour pour créer l'avenir qu'il souhaitait.

Peu importe que le rêve d'un individu soit grand, excitant ou transformateur, si la détermination n'est pas au rendez-vous, il ne se concrétisera jamais. Un rêve qu'on *souhaite* est très différent d'un rêve pour lequel on *travaille*. Le problème pour de nombreux individus qui espèrent honnêtement devenir des entrepreneurs prospères et des propriétaires d'entreprises, c'est qu'ils n'ont pas l'habitude de faire preuve de détermination jour après jour.

POURQUOI LES GENS SONT-ILS INCAPABLES DE FAIRE PREUVE DE DÉTERMINATION... TRÈS LONGTEMPS ?

Vous demandez-vous parfois pourquoi les gens ont tant de difficulté à mener un projet à terme ? Il y a de nombreuses raisons à cela et nous en explorerons quelques-unes dans cet ouvrage. Il y en a toutefois une qui se démarque pour expliquer ce phénomène courant. La plupart des gens n'ont jamais appris à faire preuve de détermination, et ils n'en saisissent pas l'importance.

Par exemple, d'innombrables parents aimants répètent sans cesse à leurs enfants qu'ils sont talentueux et qu'ils ont la capacité de devenir pratiquement tout ce qu'ils veulent dans la vie. Bien entendu, c'est là un refrain important pour un enfant, mais ce que ces parents bien intentionnés négligent souvent est l'importance de leur enseigner également que le talent et la capacité ne se soldent par le succès que lorsqu'ils sont combinés à la détermination. Par conséquent, un grand nombre de jeunes adultes arrivent sur le marché du travail avec un bon bagage de connaissances, mais sans vraiment savoir comment les transposer pour trouver orientation, productivité et succès.

De la même manière, le monde des affaires et la plupart des écoles de commerce mettent l'accent sur les modèles opérationnels, la théorie de la gestion, les tendances du marché, l'identité propre à la marque et les flux de rentrées, mais offrent peu ou pas de conseils sur la façon de mener un projet à terme. Il ne s'agit pas d'une lacune mineure – l'habileté à faire preuve de détermination à long terme joue chaque jour un rôle dans l'acquisition et la perte de richesses, tant dans le monde des affaires que dans l'industrie du marketing relationnel. La détermination est ce qui distingue les gagnants de ceux qui ne font qu'espérer, et dans l'industrie du marketing relationnel, l'habileté à faire preuve de détermination à long terme est l'élément le plus important du succès. Dans notre industrie, j'échangerais volontiers 10 individus qui caressent de grands rêves et qui ont un talent prodigieux contre un individu qui n'a qu'un petit rêve, mais une capacité à nourrir sans cesse sa détermination. Au bout du compte, cet individu surpassera tous ses collègues plus talentueux et plus ambitieux.

ÉVOLUER DANS L'INDUSTRIE DU MARKETING RELATIONNEL EST COMME OBTENIR UN DOCTORAT

Pour les étudiants au doctorat, les lettres « TSTD » deviennent rapidement familières – elles signifient « tout sauf la thèse de doctorat » et désignent les individus qui ont été admis au programme de doctorat et qui ont terminé tous les travaux exigés pendant les cours, mais qui n'ont jamais terminé leur thèse. Des milliers d'individus entrent dans cette catégorie. Ils avaient de l'ambition en s'inscrivant au programme et ils avaient les capacités intellectuelles requises pour y être admis, alors pourquoi ne sont-ils pas allés jusqu'au bout ? Pourquoi ont-ils dépensé des milliers de dollars et consacré plusieurs années de leur vie à suivre des cours pour abandonner juste avant d'obtenir leur diplôme ?

C'est que l'achèvement des travaux courants diffère grandement de la rédaction d'une thèse. Au troisième cycle universitaire, les travaux reliés aux cours représentent le volet facile du programme. Ils ne sont qu'une version un peu plus rigoureuse de ce qui est devenu la routine pour ces étudiants. Il leur suffit de se plonger dans le rythme et la structure des études supérieures : assister aux cours, prendre des notes, lire beaucoup, écrire des articles et passer des examens. Il leur suffit de répéter cette séquence dans chaque cours pour compléter la portion structurée du programme d'études doctorales.

Mais lorsque vient le moment de rédiger une thèse de doctorat, il n'y a plus de structure dans laquelle s'intégrer. Il n'y a plus de routine ni de rythme, il n'y a plus de cours ni de modèle à suivre. Il n'y a personne pour organiser votre horaire, pour vous dire quoi faire, quand le faire ou comment le faire. Il n'y a personne pour vous tenir la main. Vous êtes livré à vous-même et on s'attend à ce que vous fassiez preuve de motivation et d'esprit d'initiative. C'est l'absence de structure qui fait que tant d'individus font du surplace au lieu de s'épanouir. Elle fait ressortir une incapacité à faire preuve de détermination à long terme, sans encadrement. C'est ce qui explique pourquoi certains des individus les plus talentueux du monde ne réussissent jamais à la hauteur de leurs aspirations.

Comme pour les étudiants au doctorat, le talon d'Achille d'un grand nombre d'individus évoluant dans l'univers du marketing relationnel est cette incapacité à faire preuve de détermination pendant suffisamment longtemps. Ils ignorent comment maîtriser l'art de se concentrer sur une tâche s'ils n'ont pas d'encadrement. Dans notre industrie, il y a de nombreux « TSTD », non pas pour « tout sauf la thèse de doctorat », mais pour « tout sauf toute la discipline ». Le résultat est le même : des rêves relégués aux oubliettes et un talent qui n'est jamais exploité.

Ironiquement, pour un grand nombre d'individus, la liberté personnelle est l'aspect le plus attirant du marketing relationnel. Ils veulent être libres d'organiser leur propre emploi du temps, ils veulent être leur propre patron, prendre leurs propres décisions et poursuivre leurs propres rêves. Ils en ont assez de se faire dire quoi faire et quand le faire. Ils veulent prendre leur vie en main ! Mais quelle surprise lorsqu'ils découvrent qu'ils sont incapables de gérer cette liberté qu'ils ont tant souhaitée !

LA DÉTERMINATION N'EST PAS UN TALENT

L'un de mes plus chers amis est aussi un psy. Il n'est pas rare que nous partagions rêves, planification et travail. Il est souvent le premier à entendre parler d'un grand nombre de mes activités commerciales et professionnelles. Et souvent, il me dit : « Barrett, tu es le type le plus déterminé que je n'ai jamais rencontré. » Et je lui réponds toujours la même chose : « Walt, tu parles de ma détermination comme s'il s'agissait d'un don ou d'un talent. Ce n'est pas le cas. C'est une décision. »

La détermination n'est pas une faculté innée que l'on a ou que l'on n'a pas – on ne naît pas déterminé. C'est donc quelque chose que vous pouvez acquérir. La détermination est une habileté et une habitude que vous pouvez développer. Comme avec le succès, il n'y a rien ici de mystérieux ou de compliqué. Aussi ennuyeux que cela puisse paraître, la détermination n'est rien d'autre que le simple fait de se concentrer sur une tâche. C'est tout simplement faire ce qu'il faut ou ce qui a été prévu.

> **« La détermination n'est pas un don ou un talent. C'est une décision. »**

Il y a un ancien proverbe qui dit : « Tout labeur donne du profit, le bavardage ne produit que disette. » C'est une façon polie de dire que le bavardage est vain. Le profit et la richesse viennent à ceux qui mènent leurs tâches à bien chaque jour, tranquillement et diligemment. Ils ne les perdent pas de vue. Ils sont toujours conscients de ce qu'ils souhaitent pour l'avenir et ils font le nécessaire, sur une base quotidienne, pour se rapprocher constamment de leurs buts.

On pense souvent à tort que les gens qui réussissent ne se débattent pas avec les mêmes difficultés que les gens qui s'en tirent moins bien. On suppose que les gens qui réussissent sont toujours motivés et impatients de faire ce qu'il faut pour aller de l'avant. En réalité, ils livrent les mêmes batailles que les autres – *mais ils gagnent plus souvent.*

Examinons certaines tâches courantes qui sont propres au marketing relationnel et voyons comment les gens qui réussissent les accomplissent. Dans notre industrie, nous devons vérifier nos messages téléphoniques et nos courriels, et ensuite y répondre ; communiquer avec des prospects ou effectuer un suivi auprès d'eux ; aider les membres de notre équipe à développer leur entreprise ; répondre à des questions ; résoudre des problèmes ; planifier, organiser et diriger des réunions. Ce sont là les activités normales de quiconque veut développer une entreprise prospère dans l'univers du marketing relationnel.

(Et par coïncidence, ce sont également des activités courantes pour les cadres supérieurs dans le monde des affaires.) Le moment de prise de décision – faire ou ne pas faire – a lieu lorsqu'il est temps d'accomplir ces tâches courantes et que cela suscite de la réticence. Par exemple :

- Que font les gens qui réussissent à la fin d'une longue journée lorsqu'ils sont fatigués et prêts à cesser de travailler, mais qui réalisent tout à coup qu'ils doivent encore vérifier leurs messages et faire plusieurs appels ?
- Que font les gens qui réussissent pendant la soirée alors qu'ils avaient l'intention de téléphoner à trois prospects, mais qui se sentent las… et qui réalisent qu'il y a un bon film à la télé ?
- Que font les gens qui réussissent après une journée stressante au bureau et qu'il est maintenant temps pour eux d'assister à une réunion de leur entreprise de marketing relationnel ou de participer à une conférence téléphonique ?
- Que font les gens qui réussissent lorsqu'ils en ont déjà plein les bras avec leurs propres problèmes et qu'un des représentants de leur lignée descendante souhaite leur parler des difficultés qu'il éprouve dans son entreprise ?
- Que font les gens qui réussissent lorsqu'ils n'en peuvent plus de parler à des gens toute la journée et qu'un représentant de leur lignée descendante leur demande de s'adresser à un prospect dans le cadre d'une conférence téléphonique à trois ?

Dans chacune de ces situations, les gens qui réussissent livrent des batailles normales à l'intérieur d'eux-mêmes. Ils ont les mêmes pensées et les mêmes sentiments que n'importe qui : « Je suis fatigué. Je ne veux pas faire cet appel. Je ne veux pas parler à cette personne. Je ne veux pas entendre parler d'un autre problème. Je ne veux pas assister à une autre réunion. Je ne veux pas échanger avec un autre sceptique mal informé qui me demandera : "Est-ce que c'est un système pyramidal ?" Ce dont j'ai vraiment envie, c'est me reposer et me détendre. Je veux me la couler douce et regarder un bon film ou me plonger dans un bon livre. Je ne veux plus penser à ces dernières petites choses que je sais que je devrais accomplir aujourd'hui. »

Si les gens qui réussissent livrent les mêmes batailles que tout le monde, qu'est-ce qui les distingue à ce point ? C'est la façon dont *ils réagissent* devant ces batailles intérieures. Voyez ce qu'ils font sur une base quotidienne :

- *Les gens qui réussissent disent « oui » à leurs rêves et « non » aux distractions.*
- *Les gens qui réussissent sont gouvernés par leur détermination et non par leurs sentiments.*
- *Les gens qui réussissent n'oublient jamais la vision qu'ils ont de l'avenir et font fi des vicissitudes de la vie quotidienne.*
- *Les gens qui réussissent savent que le prix du succès est la discipline… jour après jour.*

LES RÊVES ET LA DÉTERMINATION : L'ULTIME COMBINAISON

Dans notre esprit, les conflits intérieurs surviennent lorsque nous avons des sentiments mitigés ou des pensées conflictuelles à propos d'une décision qu'il nous faut prendre. C'est ce que l'on appelle une dissonance cognitive – et nous sommes confrontés à ces conflits des milliers de fois chaque jour. La plupart d'entre eux sont anodins ; nous y trouvons une solution si rapidement que c'est à peine si notre esprit conscient les enregistre. D'autres ont une telle ampleur qu'il nous faut parfois des heures, des jours ou des mois pour les régler et prendre une décision. Entre ces deux extrêmes se situent les petites décisions de la vie quotidienne – un continuum qui ressemble à ceci :

DÉCISIONS MINEURES	→	DÉCISIONS INTERMÉDIAIRES	→	DÉCISIONS MAJEURES

Même si ce continuum paraît simple, le processus de prise de décision est l'un des mécanismes les plus miraculeux, rapides et complexes que l'être humain connaisse. Il fait appel à la biochimie, à des impulsions électriques, à des états physiologiques et émotionnels, à la mémoire, à des mythes, à des perceptions et à des valeurs. Il fait en sorte que nos ordinateurs les plus rapides paraissent lents et rudimentaires.

Au travail, la plupart de nos décisions quotidiennes s'inscrivent dans la section « intermédiaire » du continuum de prise de décision. Il se peut que nous nous demandions pendant quelques secondes si nous allons ou non vérifier nos messages, faire quelques appels ou assister à une réunion, mais nous savons qu'il ne s'agit pas de décisions majeures. Prises isolément, elles ont peu de conséquences. Ce n'est pas une question de vie ou de mort. Cependant, ce qui échappe à de nombreuses personnes, c'est que le succès est *rarement* le résultat d'une unique décision majeure. Le succès se mesure par l'effet *cumulatif* des décisions que nous prenons jour après jour.

Le fait de caresser un rêve clair facilite cette prise de décision. Vous est-il déjà arrivé de tenter de déterminer en groupe dans quel restaurant vous irez manger ou quel film vous irez voir ? Il est facile de s'impatienter en attendant que le groupe arrive à un consensus. Avez-vous remarqué comment la décision est finalement prise ? On assiste généralement à l'un des trois scénarios suivants : la personne qui l'emporte est celle qui parle le *plus fort* (« qui ne demande rien n'a rien »), avec le plus d'*autorité*, ou avec le plus de *sagesse*. La personne qui a l'une de ces attitudes deviendra presque toujours la voix dominante et fera pencher la balance.

Le même genre de dialogue a lieu dans votre esprit lorsque vous devez décider si vous allez persévérer dans les activités de votre entreprise qui, vous le savez, finiront par produire les résultats voulus. Plus votre rêve sera clair et net, plus vivement il « parlera » avec autorité, sagesse et d'une voix qui demandera à être entendue.

> **« Les gens qui réussissent sont gouvernés par leur détermination et non par leurs sentiments. »**

Supposons que vous écoutez la conversation qui se déroule dans votre esprit après avoir eu cette pensée : « Oh, il faut que je vérifie mes messages. » Les diverses opinions qui tenteront de se faire entendre pourraient ressembler à ceci :

- Le corps dit : « Je suis fatigué. Je vérifierai mes messages demain. »
- Les émotions suggèrent : « Je sais que je devrais vérifier mes messages, mais je n'en ai pas envie. J'en ai par-dessus la tête de parler au téléphone. Je ne me sens pas d'attaque. Je vais attendre. »
- Le cerveau suit le mouvement : « Je suis épuisé. Je n'ai pas l'énergie nécessaire pour me pencher sur un autre problème. »
- La volonté est prise au piège de la « pensée de groupe », formée par les trois premières opinions qui ont été exprimées et elle capitule en disant : « Bonne idée. Qu'est-ce que ça peut bien faire ? Je prends congé jusqu'à demain. »

À ce stade, la décision est prise – l'affaire est classée. Aucun avis contraire n'est proposé dans le dialogue de l'esprit. Le consensus auquel il est rapidement arrivé facilite la décision d'ignorer la tâche et aide à faire taire les pensées moins dominantes ou le doute.

Cependant, si un rêve clair fait également partie intégrante de cette conversation intérieure, autre chose peut se produire et orienter la discussion dans une direction totalement différente. Après avoir entendu les autres opinions s'exprimer, le rêve se lève et vous fait dire : « Je sais que je suis fatigué et que je n'ai pas envie de vérifier mes messages ni d'entendre parler d'un autre problème. J'adorerais prendre congé le reste de la journée. *Mais*, si je veux que mon rêve se concrétise, je dois me concentrer sur ma tâche. Ma réussite future est inévitable si je demeure déterminé, jour après jour. Je serais fou de laisser la liberté financière me glisser entre les doigts parce que j'ai été trop paresseux et que je n'ai pas persévéré encore quelques minutes aujourd'hui. De plus, si je continue un peu, j'aurai la satisfaction du travail accompli tout en me rapprochant des buts que j'ai pris soin de me fixer. J'aurai toujours le temps de me reposer un peu plus tard. Je ne dois pas oublier que les gens qui réussissent sont gouvernés par le pouvoir de leurs rêves, alors que ceux qui ne réussissent pas ne sont gouvernés que par leurs désirs dans l'immédiat. Je ne dois pas oublier ce que tous les grands entrepreneurs savent d'instinct : la détermination *précède* la liberté financière. »

C'est pour cette raison que les rêves et les aspirations doivent être gardés au premier plan de l'esprit. Des rêves clairs et nets aident les gens qui réussissent à prendre des décisions judicieuses ; une vision claire de l'avenir est ce qui facilite la détermination sur une base quotidienne et horaire. C'est également pour cette raison que la détermination et les rêves sont l'ultime combinaison. Si les rêves sont le carburant du succès, alors la détermination en est le système de navigation. L'un fournit l'énergie et l'autre apporte les directives nécessaires. La détermination prend le pouvoir brut du rêve et l'oriente vers la victoire. Lorsque la détermination est la contrepartie de nos rêves, il n'y a pratiquement aucune limite à ce que nous pouvons accomplir.

> **« La détermination prend le pouvoir brut d'un rêve et l'oriente vers la victoire. »**

Soit dit en passant, la prochaine fois que vous remarquerez qu'un représentant quitte notre industrie aussi rapidement qu'il y est entré, prenez soin de bien interpréter ce phénomène. L'individu qui s'engage et qui ensuite ne développe pas son entreprise n'illustre pas nécessairement ce qu'est le marketing relationnel, mais bien le comportement humain. Notre industrie en est une dans laquelle ce comportement endémique peut se manifester aisément, mais elle n'en est pas la *cause*. Certains individus considèrent le taux d'abandon dans l'industrie et concluent *à tort* qu'il en révèle un défaut majeur. Ce n'est pas le cas. En fait, c'est une donnée statistique qui illustre l'incapacité de l'individu moyen à faire preuve de détermination dans ses projets.

ALLÔ ? VOUS M'ENTENDEZ ?

L'un des aspects les plus curieux du travail d'un auteur, c'est qu'il ne sait jamais vraiment quels volets de son œuvre rejoindront le plus son lectorat. Et l'auteur ne sait jamais avec certitude s'il réussit à bien faire comprendre les concepts qu'il veut lui transmettre. C'est un peu comme lorsqu'on parle à quelqu'un au téléphone et que, tout à coup, on se demande si la communication a été coupée. Et on dit : « Allô ? Vous m'entendez ? Vous êtes toujours là ? » C'est ce que je ressens actuellement. Je me demande si vous pouvez m'entendre et sentir à quel point je souhaite que vous compreniez le rôle vital que joue la détermination dans la réussite.

Pendant plusieurs années, j'ai été l'entraîneur des équipes de soccer dont mes filles faisaient partie. Je me rappelle le premier entraînement d'une année en particulier. Les joueuses étaient âgées d'environ 10 ans. Mon ami John et moi avions été leurs entraîneurs l'année précédente et nous les connaissions bien. À la fin de ce premier entraînement, John et moi avons prononcé un petit discours afin de motiver les filles à viser la victoire. Nous leur avons dit à quel point nous étions heureux d'être leurs entraîneurs, à quel point nous croyions en elles et ce que nous attendions d'elles. Nous étions sur une lancée et n'avons pas douté un seul instant de l'impact de nos propos. Nous étions convaincus que les filles étaient prêtes à se surpasser, à donner le maximum d'efforts et à se préparer à remporter le championnat. Vince Lombardi aurait été fier des mots inspirants que nous leur avons adressés.

Après notre discours, les filles devaient être envoûtées. Elles sont restées muettes. Elles nous regardaient, tentant sans doute de bien assimiler la portée de ce que nous avions dit avec tant d'éloquence. Finalement, l'une d'elles a osé briser le silence de ce moment béni. Elle a levé la main et a demandé : « De quelle couleur sera notre chandail ? » John et moi nous sommes regardés et avons éclaté de rire. Peut-être n'avions-nous pas communiqué aussi efficacement que nous le pensions.

J'espère que ce n'est pas le cas ici et que ce que j'ai écrit vous a rejoint. Prenez possession de votre rêve, de votre vision, de votre avenir et de votre vie. Prenez possession de tout ce qui sera nécessaire pour en faire une réalité. Vous êtes responsable de votre avenir et de votre situation financière. Et tout dépend d'une qualité rare : la détermination. Rappelez-vous :

> **« La détermination précède la liberté financière. »**

Dans le prochain chapitre, vous apprendrez comment appliquer ce concept dans votre entreprise.

CHAPITRE 3

QUINZE MINUTES CIBLÉES POUR CONNAÎTRE LA LIBERTÉ FINANCIÈRE

Songez pendant un instant à l'époque où vous étiez adolescent et que vous fréquentiez l'école secondaire. Jusqu'où pouviez-vous voir dans l'avenir pendant une journée ordinaire ? Vingt ans ? Dix ans ? Cinq ans ? Que diriez-vous de cinq jours ? Admettons-le. À cet âge-là, la plupart d'entre nous étaient incapables de voir au-delà du prochain week-end. Nous pensions qu'un plan de vie, c'était déterminer ce que nous ferions les vendredis et samedis soir. Dans le meilleur des cas, nous envisagions l'avenir en pensant au jour où nous obtiendrions notre permis de conduire, que nous irions à une grande soirée dansante, que nous jouerions dans la cour des grands ou décrocherions notre diplôme. Le reste se perdait dans un avenir si éloigné que cela semblait sans conséquence. Nous vivions dans ce qu'on appelle le « présent immédiat ».

L'incapacité des adolescents à voir comment les comportements d'aujourd'hui influent sur les prochaines étapes de la vie est ce qui fait du rôle des parents un défi aussi fascinant. La plupart des adolescents ne voient pas la corrélation qui existe entre aujourd'hui et demain. Par contre, les parents, lorsqu'il s'agit de leurs enfants, voient clairement le lien qui existe entre le comportement actuel et la réussite future. Ils voient comment les décisions ou les comportements à une étape donnée de la vie peuvent entraver ou favoriser la préparation à la prochaine étape. Lorsqu'il s'agit de leurs enfants, les parents comprennent ce que de nombreux adolescents ne comprennent pas :

Le présent influe sur l'avenir.
Aujourd'hui influe sur demain.
Les étapes de la vie sont interreliées.

Les entrepreneurs prospères intègrent cette compréhension dans la gestion de leur entreprise. Ils savent que les gestes posés aujourd'hui déterminent les résultats de demain. Ils vivent délibérément dans le présent parce qu'ils savent que cela façonnera leur avenir de manière positive. Ils savent que les bases du succès se posent lors d'étapes qui sont liées l'une à l'autre. Ils gardent constamment leurs rêves d'avenir connectés à la détermination dont ils font preuve dans la vie quotidienne.

Examinons les différentes étapes de la vie d'un enfant telles que leurs parents les voient. Ces derniers savent que le rendement d'un enfant à l'école secondaire aura une incidence directe sur la qualité de l'université où il sera admis. Ils savent également que son rendement à l'université déterminera la qualité de l'emploi et le montant du salaire qu'il obtiendra après avoir reçu son diplôme. Et sa situation financière influera alors sur sa qualité de vie. Ces étapes séquentielles se suivent ainsi :

ÉCOLE SECONDAIRE → UNIVERSITÉ → BON EMPLOI → BON SALAIRE → MEILLEURE QUALITÉ DE VIE

Dans le continuum ci-dessus, les parents sont en mesure de « commencer en ayant l'issue en tête ». Ils peuvent aisément voir que le rendement de leur enfant à l'école secondaire laisse présager la qualité de vie qu'il connaîtra pendant des décennies. Ce qui les rend fous, c'est lorsque leur enfant semble incapable d'établir ce lien. Et c'est la même chose qui rend fous les leaders dans l'industrie du marketing relationnel. Ils voient ce que leur lignée descendante ne voit pas : ils comprennent que la détermination à long terme et le dur labeur pendant une saison peuvent assurer la liberté financière d'un individu jusqu'à la fin de ses jours.

Ce continuum n'a rien de compliqué. C'est une progression linéaire et dynamique. On peut aisément en voir la logique et le mouvement. Maintenant, appliquons ce concept à votre entreprise.

Si un membre de votre équipe vous demandait comment se préparer à afficher une croissance et une réussite extraordinaires dans un an, que lui répondriez-vous ? Que lui diriez-vous qui l'orienterait honnêtement vers le succès ? Quel conseil important, pratique, réalisable et « duplicable » (ou reproductible) lui donneriez-vous ?

Je vous conseille de lui dire que s'il veut que l'année prochaine soit spectaculaire, il se doit de comprendre que seuls les gestes qu'il fait *cette année* peuvent être garants de cette réussite. Aidez-le à adapter son comportement actuel de manière à ce qu'il arrive à ses fins. Comme un parent avec son ado, aidez-le à comprendre la progression linéaire du succès : pour connaître beaucoup de succès l'*an prochain*, nous devons veiller à obtenir de bons résultats *cette année*. Ceci nous mène à une série de questions logiques dont les réponses sont évidentes et contribuent à clarifier ce point :

Question : Comment mon entreprise peut-elle connaître une excellente année ?
Réponse : *Vous devez connaître un excellent trimestre.*

Question : Comment mon entreprise peut-elle connaître un excellent trimestre ?
Réponse : *Vous devez connaître un excellent mois.*

Question : Comment mon entreprise peut-elle connaître un excellent mois ?
Réponse : *Vous devez connaître une excellente semaine.*

Question : Comment mon entreprise peut-elle connaître une excellente semaine ?
Réponse : *Vous devez connaître une excellente journée.*

Le fait de vous demander comment votre entreprise peut connaître une *excellente* journée est l'ultime question. C'est le point pivot autour duquel tourne tout le reste. Lorsque vous pouvez répondre à cette question, vous avez trouvé le levier qui met tout en mouvement. C'est le point de départ qui détermine la ligne d'arrivée. Le fait de savoir ce qui rend une journée excellente vous permet de connaître ensuite d'excellents résultats, au bout de la semaine, du mois, du trimestre et de l'année. Lorsque vous pourrez répondre à cette question et agir en conséquence, votre vie, votre entreprise et votre équipe ne seront plus jamais les mêmes.

Les gens qui réussissent haut la main vont encore un peu plus loin. Ils se demandent: *Comment mon entreprise peut-elle connaître une excellente journée?* La réponse? *Quinze minutes ciblées.* Ces 15 minutes sont à fois le moment le plus important de la semaine et, pour de nombreux individus, le moment le moins séduisant de la semaine, mais sachant comment le présent immédiat influe sur l'avenir, les gens qui réussissent ne laissent pas cet inconfort momentané les freiner. Ils ne se laissent pas confiner par le désir d'éviter ce qui est inconfortable.

Avant que nous nous penchions sur la *façon* dont vous pouvez développer votre entreprise pendant ces 15 minutes, tentons d'abord de comprendre cette forte envie de les négliger qu'ont souvent les gens.

Ne me confinez pas

Mes beaux-parents vivent dans une région rurale non loin d'une route très fréquentée. Ils adorent les animaux, mais à cause de la proximité de cette route, tous les chiens qu'ils ont eus se sont fait frapper par une voiture ou un camion. En 20 ans, leur cour arrière est devenue un véritable cimetière d'animaux. Récemment, mon beau-père (Pépé) a acheté un autre chien. C'est un teckel, un petit chien qui ressemble à une saucisse. Étant donné sa taille et la longueur de ses pattes qui ne lui permettent pas de courir très vite, Pépé a décidé de l'appeler « Riquiqui ».

Peu après son arrivée, Riquiqui a commencé à faire la même chose que tous les autres chiens – c'est-à-dire courir après ses congénères qui pourchassaient des voitures sur la route. Finalement, dans l'espoir de garder Riquiqui en vie, Pépé a installé une clôture électrique invisible tout autour de son terrain d'une superficie de cinq acres. Lorsqu'il est sorti dans la cour, Riquiqui ne se doutait de rien. Apercevant un chien qui courait le long de la route, il s'est élancé pour le rejoindre. Mais il a reçu une petite décharge électrique en franchissant les limites de la cour. Riquiqui a été surpris et s'est arrêté net. Il ne comprenait pas ce qui venait de se passer, mais il savait qu'il n'aimait pas ça.

N'étant pas la créature la plus intelligente du monde, Riquiqui a vite oublié l'incident. Plus tard dans la matinée, un autre chien est passé en courant et Riquiqui est parti après lui du plus vite qu'il a pu. Encore une fois, il a reçu une décharge en arrivant aux limites de la cour et a rapidement perdu tout intérêt à rejoindre l'autre chien.

Finalement, Riquiqui a cessé de s'intéresser à ses congénères. Il a décidé d'éviter l'inconfort au lieu de poursuivre ce qu'il désirait. Il a cessé de courir après ses rêves et de suivre son cœur. Il croit maintenant que la vie au-delà des limites du monde qu'il connaît est trop dangereuse. Il n'est ni sûr ni sage de s'aventurer au-delà du périmètre de son petit monde.

Riquiqui ne le sait pas, mais il a été dupé! S'il avait été prêt à endurer seulement un *bref* moment d'inconfort, il aurait pu courir, vagabonder et faire ce qui lui plaisait. Riquiqui a troqué une vie de liberté contre un moment d'évitement.

Bien sûr, le fait que Riquiqui ait été dupé n'est pas bien grave. Cela lui a peut-être même sauvé la vie. Mais lorsque des êtres humains sont dupés comme l'a été Riquiqui, c'est grave. Renoncer à la liberté pour éviter l'inconfort est stupide – c'est un piètre investissement et une mauvaise décision. Et il y a de nombreux individus dans l'industrie du marketing relationnel qui sont, sans le savoir, à un cheveu de la grandeur et à quelques secondes de la liberté. Il leur suffirait de savoir que tout ce qu'ils désirent se trouve de l'autre côté d'une clôture électrique invisible appelée « bref inconfort ».

L'illustration ci-dessous dépeint tout autant la situation de Riquiqui que celle des gens :

De nombreux individus souhaitent devenir financièrement libres, mais ils veulent connaître un succès phénoménal sans jamais éprouver le moindre inconfort. Ils espèrent demeurer dans leur monde sécuritaire et limité, et en même temps connaître une liberté et un succès illimités.

Les gens qui réussissent sont instinctivement d'accord avec Emory Austin lorsqu'elle dit : « La zone de confort est la zone mortelle. » Ils ne veulent pas être piégés dans cette zone ; ils veulent en défoncer les murs !

Les véritables entrepreneurs comprennent ce qui suit :

- *Vous ne pourrez pas jouir de l'avenir que vous souhaitez si vous insistez pour demeurer dans le présent que vous connaissez.*
- *Vous ne pourrez connaître le succès que si vous refusez d'être prisonnier de la peur.*
- *Vous ne pourrez pas goûter à la liberté si vous évitez systématiquement l'inconfort.*
- *Vous ne pourrez obtenir de nouvelles choses que si vous commencez à faire de nouvelles choses.*

Si vous et les membres de votre équipe franchissez la barrière du « bref inconfort » pendant 15 minutes, cela transformera votre entreprise et votre avenir en mettant en mouvement une série d'événements qui se solderont inévitablement par le succès.

QUINZE MINUTES CIBLÉES

Que sont ces « 15 minutes ciblées » ? Elles correspondent à un moment planifié d'avance que vous consacrerez à communiquer avec trois groupes d'individus : votre lignée descendante, vos clients et vos prospects. Chaque appel a un but spécifique et ne devrait pas durer plus d'une minute. (Si vous en êtes à vos débuts dans l'industrie et n'avez pas encore trois représentants dans votre lignée descendante, vous venez tout juste de gagner trois minutes !)

Voici à quoi ressemblent ces 15 minutes ciblées. Sachant que vous ne pourrez pas connaître une excellente semaine sans qu'elle soit ponctuée de quelques excellentes journées, vous décidez de faire le nécessaire. Supposons que vous décidiez de vous garder 15 minutes le dimanche soir afin d'amorcer votre semaine. Lorsque le moment arrive, vous savez qui vous appellerez, vous avez déjà noté le numéro de téléphone de vos correspondants, et vous savez pourquoi vous voulez leur parler.

Ces 15 minutes ciblées sont prévues à l'avance parce que nous savons *tous* à quel point il est facile de passer du temps à se préparer à accomplir une tâche au lieu d'*accomplir* la tâche. Nous pouvons perdre 15 minutes à chercher des numéros de téléphone, à revoir en esprit ce que nous allons dire, à avoir la soudaine envie de mettre de l'ordre dans notre espace de travail, à aller nous chercher un café, etc. Toutes ces tactiques visant à nous retarder par des délais nous donnent le sentiment de travailler sans avoir à franchir la clôture électrique invisible de l'inconfort. Et au bout du compte, elles sont complètement improductives et non rentables.

Comment commencer ? Que faire ou dire pendant ces 15 minutes ciblées ? Je vous recommande de téléphoner d'abord à trois représentants de votre lignée descendante, et puis à trois clients et, enfin, à trois prospects.

Appelez trois représentants de votre lignée descendante

Lorsque vous communiquez par téléphone avec votre lignée descendante, je vous suggère de dire quelque chose qui ressemble à ceci :

> Bonsoir (*prononcez le prénom de la personne à qui vous vous adressez*). Je n'ai que peu de temps, mais je tenais à t'appeler pour te dire trois choses : je crois en toi ; je crois en notre entreprise ; et je développe la mienne en ce moment même en y consacrant 15 minutes ciblées.

Que pouvez-vous accomplir grâce à ce bref énoncé ? En quelques secondes, vous apportez votre soutien au représentant, vous partagez l'optimisme que votre entreprise vous inspire, et vous donnez l'exemple en montrant que vous la développez *en ce moment même*.

Pendant que vous faites cet appel, ne vous laissez pas distraire en posant des questions ou en y répondant. Ce n'est pas le moment de tenir de menus propos, de bavarder chaleureusement ou de se lancer dans quelque discussion que ce soit. L'appel ne devrait pas durer plus d'une minute. Si votre interlocuteur veut poser des questions, vous devez lui dire : « Je ne peux pas te répondre immédiatement, mais je serai heureux de le faire plus tard. Je suis en train de développer mon entreprise pendant *15 minutes ciblées*. Je dois encore communiquer avec trois clients et trois prospects. Je t'en prie, appelle-moi demain et c'est avec joie que je répondrai à tes questions. Mais pour l'instant, je voulais seulement te dire que je crois en toi et en notre entreprise, et que je travaille actuellement dans le but d'en assurer la croissance. »

Est-ce que cette concision et ce franc-parler vous paraissent trop brusques ? Alors, sachez que le fait de se montrer direct façonne la détermination, le leadership et la passion, et fixe des limites pour les membres de votre lignée descendante. Cela travaillera pour vous, et non contre vous.

Appelez trois clients

Lorsque vous communiquez avec vos clients, vous pouvez dire :

> Bonsoir (*prénom de la personne*), ici (*votre nom*). Je sais que vous étiez sans doute occupé et je serai très bref. Avez-vous 30 secondes ? Très bien. Je vous appelle pour vous dire que je suis heureux de faire affaire avec vous et que je suis reconnaissant de vous compter parmi mes clients. Ce sont des gens comme vous qui rendent mes activités aussi amusantes et rentables. Si vous avez besoin de quoi que ce soit, n'hésitez pas à communiquer avec moi. Mais pour l'instant, je veux seulement que vous sachiez que votre fidélité est appréciée.

Qu'accomplissez-vous *pendant* ce bref appel ? En quelques secondes et en quelques phrases, vous exprimez votre reconnaissance, vous dites à votre client que vous êtes là en cas de besoin et vous lui faites part de l'enthousiasme que vous inspire votre entreprise. Tout cela renforce la loyauté du client envers vous et votre entreprise.

Il y a deux raisons d'être très bref pendant cet appel. Premièrement, vous tentez de limiter chacun de vos appels à une minute et d'obtenir un maximum de résultats dans un délai minimum. Deuxièmement, le client ne s'attendait pas à votre appel et vous l'avez interrompu dans ses activités. Il espère donc que vous serez très bref. Votre concision sera beaucoup plus appréciée qu'un appel impromptu de 10 à 20 minutes – et vos appels subséquents seront mieux reçus.

Soit dit en passant, si vous appelez un client pour lui dire votre appréciation, ne gâchez pas tout en en faisant un « appel de vente » qui ferait l'éloge de nouveaux produits ou services. Votre appréciation n'aurait pas l'air sincère. Il est très bien d'appeler un client pour l'informer d'une nouveauté, mais permettez-moi alors de vous conseiller de ne pas dire que vous l'appelez pour exprimer votre appréciation. Dites-lui plutôt que vous l'appelez pour lui parler d'un nouveau produit et puis demandez-lui quand vous pourrez lui en faire une brève présentation. Fixez un rendez-vous et raccrochez.

Appelez trois prospects

Les appels les plus importants seront ceux grâce auxquels vous communiquerez avec trois prospects. C'est ainsi que vous conviendrez de diverses rencontres pendant la semaine, que vous développerez votre entreprise et que vous générerez de nouveaux revenus. La plupart des gens évitent ce genre d'appels parce qu'ils sont déstabilisants. Mais rappelez-vous que ces appels n'ont que deux objectifs : découvrir le degré d'intérêt d'un prospect et, s'il est suffisamment élevé, fixer un rendez-vous pour présenter les activités de votre entreprise.

Les deux prochains chapitres sont consacrés à la façon dont vous pouvez amener des prospects à *vouloir* vous rencontrer et en apprendre davantage au sujet de votre entreprise. Mais pour l'instant, voyons pourquoi ces 15 minutes ciblées sont si efficaces.

POURQUOI CES 15 MINUTES CIBLÉES SONT-ELLES SI EFFICACES ?

Au départ, il est facile de ne pas apprécier à sa juste valeur le pouvoir d'un groupe d'individus qui s'adonnent à cet exercice.

(À ceux qui viennent tout juste de créer leur entreprise de marketing relationnel ou qui n'y travaillent qu'à temps partiel, je recommande une séance de 15 minutes ciblées par semaine. Et à ceux qui y travaillent à temps plein, je suggère une séance par jour.) En voici quelques-uns des avantages immédiats :

- Il est facile de gérer un bloc de 15 minutes. La plupart des gens sont capables de s'imaginer de l'autre côté de la clôture invisible de l'inconfort pendant 15 minutes, mais s'ils doivent demeurer plus longtemps à l'extérieur de leur zone de confort, ils évitent carrément d'en sortir. Préférez-vous travailler avec une équipe de représentants qui *téléphonent* à leur lignée descendante, leurs clients et leurs prospects pendant 15 minutes chaque semaine, ou avec des représentants qui parlent de consacrer une heure à ces activités, mais qui ne le font jamais ?

- Pour la plupart des représentants, l'obtention d'un rendez-vous crée plus d'anxiété que le rendez-vous lui-même. Le fait d'avoir une plage horaire spécifiquement dédiée à cet effet, qui est brève et efficace, motive les individus à y demeurer fidèles.

- L'application de ce concept des 15 minutes ciblées par tous les représentants crée une cohésion et un engagement mutuel au sein de l'équipe.

- Lorsque vous et les membres de votre équipe commencez à dupliquer ce système très simple, il en résulte une profondeur et une croissance accrue de votre entreprise, ainsi qu'un taux exponentiel de revenu résiduel. Par exemple, si vous avez communiqué avec trois prospects chaque semaine et obtenu un rendez-vous par semaine, vous aurez quatre rendez-vous par mois. Que se passe-t-il si l'un de ces prospects devient membre de votre équipe et commence lui aussi à appliquer ce processus ? Combien de représentants aurez-vous dans votre équipe au bout d'une année si tous les membres de votre équipe reproduisent parfaitement ce système ? La réponse est 4 096. Cela fera-t-il pour vous une différence en ce qui a trait aux revenus et à quel point cela vous rapprochera-t-il de la concrétisation de vos rêves ?

- Que cela signifierait-il pour votre entreprise si, tous les dimanches, 10 000 de vos représentants faisaient des appels téléphoniques pour encourager leur lignée descendante, remercier leurs clients et tenter d'obtenir des rendez-vous auprès de prospects ? Que cela signifierait-il pour vous si, tous les dimanches, 50 représentants de votre équipe personnelle téléphonaient à leur lignée descendante, à leurs clients et à des prospects ?

Prêt à partir et nulle part où aller

Je respecte le revenu que touchent les gens qui évoluent dans notre industrie, et j'ai plaisir à entendre parler du chiffre d'affaires que les entreprises de marketing relationnel réalisent. Mais savez-vous quelle statistique j'entendrais avec encore plus de plaisir ? J'adorerais savoir combien d'argent n'a *pas* été gagné dans notre industrie… uniquement pour un appel téléphonique qui n'a jamais été fait. Il ne fait aucun doute que nous avons perdu davantage d'argent que nous en avons gagné parce que d'innombrables individus « ne se sont jamais résolus » à faire cet appel qui aurait fait décoller leur entreprise. Les gens qui réussissent savent qu'un simple appel est l'élément déclencheur d'une chaîne d'événements qui, en définitive, se traduit par le succès, des revenus et la liberté.

La plupart des avions de la compagnie aérienne Delta Airlines offrent un appareil téléphonique dans chaque rangée de sièges ; on peut lire les mots suivants sur l'écran tactile de chaque appareil : « Combien cela vous coûtera-t-il si vous n'appelez pas ? » C'est une question intéressante. Elle illustre parfaitement la mentalité des gens qui réussissent dans l'industrie du marketing relationnel. Ils pensent à ce que cela leur coûtera s'ils *ne font pas d'appels* au lieu de tergiverser et de se demander s'ils en ont envie ou non.

Vous avez probablement déjà entendu cette expression : « prêt à sortir et nulle part où aller ». C'est représentatif de certains représentants dans notre industrie. Ils se sont engagés, ils souhaitent que leur entreprise grandisse, ils assistent fidèlement aux réunions, mais ils ne semblent jamais avoir de rendez-vous avec des prospects. Pour diverses raisons, au lieu de prendre l'initiative et de soulever le combiné du téléphone, ils restent assis comme le réparateur de Maytag et attendent que leur téléphone sonne. C'est comme attendre le passage de la comète de Halley.

Les entrepreneurs qui se lancent en affaires avec un but en tête et qui n'oublient pas que le présent influe sur l'avenir peuvent aisément saisir le pouvoir de ces 15 minutes ciblées. Répété assidûment, ce simple exercice peut se solder par des semaines remplies de rendez-vous, qui deviennent d'excellents mois et trimestres, et finalement par une année qui sera le prélude à une qualité de vie extraordinaire.

La prochaine fois que vous verrez les leaders de votre entreprise recevoir des témoignages de reconnaissance pour leurs accomplissements, songez à ces moments peu glorieux qu'ils ont probablement vécus pour en arriver là. Le succès public ou professionnel est généralement acquis en privé, là où il n'y a pas de témoins, pas d'applaudissements, pas d'approbation et pas d'affirmation – seulement un simple rêve alimenté par une détermination toute personnelle au milieu du tourbillon de la vie quotidienne. Dans l'univers du marketing relationnel, on peut caresser *et* concrétiser ce rêve, 15 minutes à la fois.

Chapitre 4

COMMENT ÊTRE ACCUEILLI CHALEUREUSEMENT PAR VOTRE MARCHÉ CHAUD

PREMIÈRE PARTIE

Si vous interrogez des entrepreneurs prospères à propos de leurs débuts dans l'industrie, ils éclateront presque toujours de rire et secoueront la tête en se rappelant qu'ils savaient à peine ce qu'ils faisaient. La plupart d'entre eux admettront volontiers qu'ils avaient une grande vision, mais peu de connaissances. Leurs erreurs attribuables à la naïveté les feront sourire. Si vous leur demandez de noter leur rendement à cette époque, ils se donneront un « A » pour l'effort et un « F » pour les habiletés. Avec le recul, ils comprennent qu'ils se sont lancés en affaires avec une grande motivation, une bonne vision et des compétences minimales.

Alors, comment ont-ils réussi ? Avec le temps, leurs habiletés sont devenues aussi grandes que leur motivation et leur vision, rendant le succès inévitable. Leurs habiletés ont généré les *résultats* que leur esprit imaginait.

Le même scénario se produit dans l'industrie du marketing relationnel. Des individus qui ont une grande vision et peu de compétences s'y engagent régulièrement. Mais, comme tous les autres entrepreneurs prospères, ils doivent veiller à développer leurs habiletés tout en protégeant et en entretenant leur vision et leur motivation.

Concluons un accord

Vos habiletés sont particulièrement importantes lorsque vous parlez aux gens qui forment votre marché chaud. Savoir *quoi* dire, *quand* le dire et *comment* le dire revêt une valeur inestimable. Dans ce chapitre et le suivant, nous verrons quelles sont ces habiletés. Mais tout d'abord, nous devons conclure un accord. Je veux savoir si vous êtes prêt à aborder ces chapitres avec le cœur léger. Voyez-vous un inconvénient à ce que nous nous amusions un peu en examinant les erreurs courantes que nous faisons tous dans notre industrie ? Aurez-vous le cran d'admettre ces erreurs imputables à votre naïveté malgré votre sincérité ? Êtes-vous prêt à rire de vous-même tout en vous instruisant ?

Si vous êtes partant, alors amusons-nous et apprenons comment être accueillis chaleureusement par notre marché chaud. Soit dit en passant, j'ai personnellement fait chacune des erreurs que je mentionnerai ici, et il m'arrive encore d'en faire alors que je continue à apprendre et à développer mes habiletés. Je souhaite être en mesure d'écourter votre courbe d'apprentissage et de vous aider à acquérir ces habiletés que j'aurais aimé que l'on m'enseigne à mes débuts dans l'industrie.

Nous vous aimons, mais...

Comme beaucoup d'ados, mes filles ont couvert les murs de leur chambre avec des photos et des affiches. L'autre jour, j'ai remarqué qu'une nouvelle carte de vœux y avait fait son apparition. Elle illustrait un pasteur qui donnait un sermon du haut de la chaire de son église. En gros caractères, on pouvait lire : « Jésus vous aime. » Et puis, suivait le message suivant en plus petites lettres : « Mais tous vos amis pensent que vous êtes un emmerdeur ! »

J'adore cette carte, mais elle me rappelle comment certains individus qui évoluent dans l'industrie du marketing relationnel sont perçus par les membres de leur famille et leurs amis. Ceux-ci pourraient dessiner une carte de vœux et y écrire : « Nous t'aimons, mais lorsque tu te mets à parler de ton entreprise, tu deviens agaçant. » Comment pouvons-nous éviter cela ? Comment faire en sorte que notre but soit de parler de notre entreprise et que celui de notre interlocuteur soit d'en apprendre davantage à son sujet ? Nous pouvons commencer en apprenant :

- Comment allumer un feu.
- Comment évaluer le degré d'intérêt d'un prospect.
- Comment doser nos interventions.

Comment allumer un feu dans la forêt

Si un membre de votre lignée descendante vous annonçait qu'il part camper dans une région éloignée et sauvage et vous demandait de lui enseigner comment allumer un feu en forêt, que lui diriez-vous ? Après un moment de réflexion, vous lui diriez probablement qu'allumer une belle flambée en pleine nature est relativement facile... si l'on connaît les étapes à suivre :

1. Assurez-vous d'avoir des allumettes.
2. Enflammez une petite pile d'herbes sèches, de mousse ou de copeaux de bois.
3. Ajoutez des brindilles du diamètre d'un cure-dents
4. Déposez doucement plusieurs petites branches de la grosseur d'un crayon sur les flammes.
5. Ajoutez du petit bois de trois à cinq centimètres de diamètre.
6. Ajoutez des rondins de la taille de votre bras.
7. Une fois que les flammes sont bien vigoureuses, ajoutez une bûche d'un diamètre égal à celui d'un poteau de téléphone.

Grâce à cette séquence, le simple craquement d'une allumette peut créer un ardent brasier.

Dans l'univers du marketing relationnel, de nombreux individus ont le sentiment de se trouver en pleine forêt, tentant d'apprendre à allumer un feu. Ils veulent savoir comment transformer une étincelle d'intérêt en un ardent brasier.

> **« ... transformer une étincelle d'intérêt en un ardent brasier. »**

Lorsque vous enseignerez cette technique à vos représentants, leur entreprise et la vôtre deviendront aussi intenses qu'un feu de forêt.

Réexaminez la séquence ci-dessus et notez à quel point les premières étapes sont modestes et progressent petit à petit jusqu'à la « grosse bûche ». Au début, les flammes sont vacillantes et doivent être soigneusement protégées. Le problème que la plupart des gens ont lorsqu'ils tentent d'allumer un feu, c'est qu'ils sont trop impatients. Dans leur hâte de voir un grand feu, ils ajoutent prématurément des rondins beaucoup trop gros et ces derniers ne s'enflamment pas.

La même erreur est faite chaque jour dans notre industrie. Nous oublions de protéger patiemment l'étincelle d'intérêt d'un prospect de manière à ce qu'elle grossisse, petit à petit, et qu'elle se transforme en un brasier fait de curiosité, d'enthousiasme ou d'excitation. Souvent, nous tentons plutôt d'accélérer le processus, de trop parler trop tôt, de donner prématurément à nos prospects une grande quantité d'informations, de faits et de chiffres. Et au cours de ce processus, nous éteignons la flamme que nous tentions d'alimenter.

Si vous voyiez quelqu'un qui tente d'allumer un feu en jetant une bûche de 20 kilos sur un petit tas d'herbes qui brûlent à peine, vous penseriez qu'il est bête –, mais c'est exactement ce que nous faisons souvent dans notre industrie ! Nous voyons une minuscule étincelle d'intérêt et puis nous l'écrasons avec 20 kilos d'enthousiasme, d'informations et de documentation. La flamme s'éteint immédiatement.

Lorsque cela se produit, certains individus arrivent à l'une de deux conclusions : soit leur prospect « n'a rien compris », soit cela prouve qu'il est difficile de percer dans notre industrie. Ils ne songent pas une seconde à se demander s'ils ne font pas eux-mêmes obstacle à leur propre succès. Lorsque nous avons appris à « allumer un feu », nous découvrons qu'il n'est pas aussi difficile d'évoluer dans notre industrie que nous le pensions. C'est amusant, valorisant et même plutôt facile lorsque nous savons ce que nous faisons. Et notre tâche se trouve facilitée lorsque nous apprenons à reconnaître les différents types et degrés d'intérêt chez nos prospects.

Les types et les degrés d'intérêt

Vous est-il déjà arrivé de demander de ses nouvelles à une connaissance pour ensuite vous retrouver piégé à l'écouter vous raconter chaque petit détail du mois qui vient de s'écouler ? Vous vous dites : *Ouah ! Ce n'était qu'une simple question. Je ne m'attendais pas à un compte rendu complet !* Vous prenez mentalement note de ne pas demander à cette personne comment elle va la prochaine fois que vous la croiserez. Vous connaissez sans doute le vieil adage : « Tu m'y prends une fois, tu es une fripouille ; tu m'y prends deux fois, je suis une andouille. »

Nous faisons la même erreur dans notre industrie. Les gens nous posent une question anodine à propos de notre entreprise et nous l'inondons d'informations. En fin de compte, ils regrettent de nous avoir parlé et ils prennent note mentalement de ne plus nous poser de questions. Pour éviter cela, il est utile de comprendre les divers degrés d'intérêt qu'un prospect peut avoir. Pour mesurer ce degré d'intérêt, il convient de le classer dans l'une de trois catégories – vif, modéré et mitigé – et de le placer sur une échelle de 0 à 10.

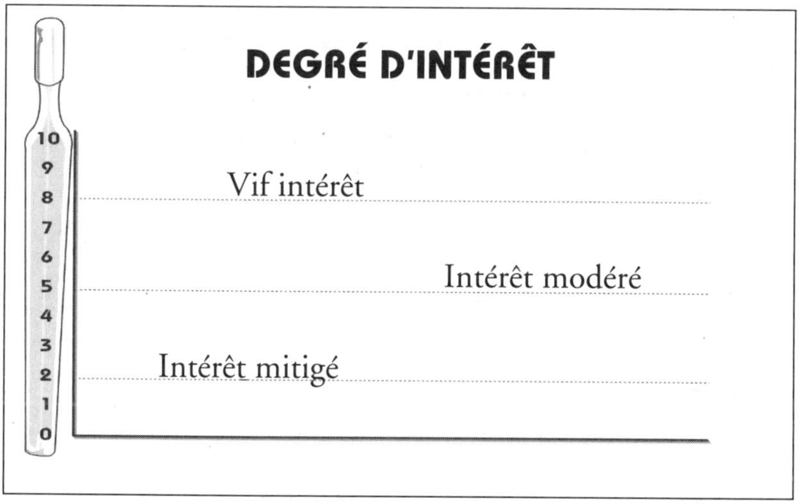

Lorsque vous parlez de votre entreprise à des prospects, où estimez-vous que la plupart d'entre eux se situent sur cette échelle de l'intérêt ? De temps en temps, nous faisons la connaissance d'un individu qui se montre vivement intéressé. Il prend connaissance de ce que nous faisons et il dit : « C'est exactement ce que je cherchais ! Puis-je m'engager aujourd'hui même ? » Malheureusement, une telle réaction est extrêmement rare. Parfois, le prospect semble modérément intéressé. Notre entreprise lui inspire une curiosité sincère, il a l'esprit ouvert, il est positif et il veut en savoir plus.

Cependant, plus de 90 % des prospects manifesteront tout au plus un intérêt mitigé au début. Sur l'échelle de l'intérêt, ils se situent entre 1 et 3, et la plupart d'entre eux se classent tout près du 1 ! Lorsque nous sommes conscients de cette réalité, cela nous permet d'adapter notre discours à *leur* degré d'intérêt – et non au nôtre.

> ***« Nous sommes nombreux à confondre les degrés 1 et 10 sur l'échelle de l'intérêt. »***

Pour vous aider à ne pas oublier ceci, assurez-vous de garder à l'esprit les diverses façons dont les gens expriment un intérêt mitigé :

MANIFESTATIONS D'INTÉRÊT MITIGÉ

- intérêt amical
- intérêt social
- intérêt minimal
- intérêt passager
- intérêt poli
- intérêt informel
- intérêt de courte durée
- intérêt désinvolte

Remarquez que toutes ces manifestations d'intérêt mitigé se situeraient au niveau 3 ou moins sur l'échelle de l'intérêt. Lorsque des prospects font preuve d'un intérêt mitigé, il n'y a rien de plus qu'une « étincelle ». Le défi pour nous consiste donc à transformer cette étincelle en un feu ardent. Un grand nombre d'entre nous confond les degrés 1 et 10 sur l'échelle de l'intérêt. Nous décelons une lueur d'intérêt et nous réagissons comme si le prospect montrait un désir brûlant de nous entendre. Graphiquement, cela ressemble à ceci :

Degré d'intérêt du prospect : / **Notre réaction :**

Intérêt	Enthousiasme	Informations	Documentation
10	10•	10	10
9	9	9•	9•
8	8	8	8
7	7	7	7
6	6	6	6
5	5	5	5
4	4	4	4
3•	3	3	3
2	2	2	2
1	1	1	1
0	0	0	0

Souvent, nous constatons un intérêt mitigé chez un prospect, mais nous réagissons comme s'il manifestait un vif intérêt envers notre entreprise. Nous débordons d'enthousiasme comme s'il avait fait preuve d'un degré d'intérêt se situant à 10 sur l'échelle, nous lui donnons beaucoup trop d'informations au sujet de notre entreprise, de nos produits ou de nos services, et puis nous lui offrons des tonnes de CD, de DVD, de vidéos, d'articles, de livres ou d'adresses de sites Web.

Lorsque nous réagissons de façon exagérée devant l'intérêt manifesté par les prospects, *ils* se désolent à l'idée d'avoir entamé la conversation avec nous et *nous* nous désolons quand nous constatons qu'elle ne mène nulle part. À l'avenir, le contact sera difficile. Leur but sera d'éviter de discuter de notre entreprise avec nous, alors que notre but sera de chercher des occasions d'en discuter. C'est très différent de l'interaction pendant laquelle un prospect est impatient d'en entendre davantage à propos de ce que nous faisons, du fonctionnement de notre entreprise et du lien qu'elle pourrait avoir avec *ce qu'il veut dans la vie*. Une approche mène à l'évitement, l'autre à l'attente faite d'espoir.

Pour augmenter la probabilité qu'un prospect souhaite en apprendre davantage sur votre entreprise, souvenez-vous de doser vos interventions.

LE DOSAGE : CETTE HABILETÉ QUE L'ON OUBLIE

N'importe quel coureur de fond sait qu'il doit doser son allure. Les jockeys apprennent à contrôler la vitesse de leur cheval. Les pilotes de NASCAR roulent constamment en tenant compte des autres concurrents et des conditions de la piste, ainsi que de leur réserve de carburant et de l'usure des pneus. Et le dosage est un art dans les relations amoureuses. Des vies sont en jeu lorsque des équipes médicales et des chirurgiens pratiquent des interventions délicates pour lesquelles le dosage est vital. Lors de la négociation d'ententes commerciales, le dosage est un aout inestimable. En dire trop, trop tôt ou trop tard, cause souvent la perte d'entreprises qui, autrement, auraient pu être prospères.

Notre message nous inspire tant d'enthousiasme et nous éprouvons tant d'amour pour notre entreprise que nous perdons tout sens du dosage et du moment opportun. C'est l'un de nos plus grands problèmes dans l'industrie du marketing relationnel. Nous semblons perdre un grand nombre de nos habiletés personnelles et professionnelles lorsque nous commençons à parler de notre entreprise. Nous croyons qu'elle est tellement extraordinaire que les règles normales de l'étiquette sociale et professionnelle peuvent être transgressées. Lorsque nous commençons à parler de notre entreprise, nous devenons bizarres ! Nous nous métamorphosons et devenons entièrement différents ! Nous avons l'air de fanatiques qui tentent de convertir le monde entier.

Il est indéniable que notre enthousiasme débordant allume le désir chez les autres – il allume le désir de fuir ! Nous faisons en sorte qu'il leur est impossible d'écouter notre message. Ils ne voient pas la liberté financière, mais le fanatisme. Ils ne voient pas la richesse, mais l'étrangeté. La seule occasion que notre message leur laisse entrevoir est l'occasion de changer de sujet ou de s'éloigner de nous.

Sachez toutefois que j'adore l'enthousiasme. Si vous m'avez déjà entendu parler, vous savez que je n'en manque pas, et à m'entendre, vous *devriez* devenir incroyablement excité à propos de notre industrie et de votre entreprise. Je propose toutefois que, lorsque nous nous adressons à nos prospects, nous mesurions notre enthousiasme. Nous devons le doser et l'adapter à nos interlocuteurs.

Les adolescents : un parfait exemple de dosage

Si vous voulez suivre un cours de mise à niveau dans l'art du dosage, ne vous donnez pas la peine de vous inscrire à un séminaire. Pour contempler cet art en pleine action, observez plutôt des adolescents qui demandent à leurs parents une chose qu'ils savent qu'ils ne pourront peut-être pas obtenir. Ils font très attention à ce qu'ils disent, au moment où ils le font et à la manière dont ils s'expriment. Rien n'est tenu pour acquis.

Par exemple, observez des adolescents qui demandent à leurs parents la permission d'emprunter leur voiture ou de rentrer un peu plus tard que d'habitude. Ils ne vont pas droit au but. Ils sont plus futés que cela. Ils étudient l'humeur de maman et papa. S'ils semblent tendus, ils attendent. S'ils sont irritables, ils ne disent rien. S'ils sont fatigués ou grincheux, les ados gardent encore une fois le silence. Mais lorsque leurs parents paraissent détendus, de bonne humeur et accommodants, les ados font leur demande avec tact. Tout en parlant, ils évaluent la réaction de maman et papa. Et pendant tout ce temps, ils prêtent attention à ce qu'ils disent, au ton et au volume de leur voix, ainsi qu'à leur débit. Nous pouvons beaucoup apprendre de cet exemple de dosage magistral.

Avec quelle habileté dosez-vous vos conversations avec vos prospects ? Comment savez-vous qu'il est « temps d'alimenter le feu » ? Cela devient beaucoup plus facile lorsqu'on tient compte des trois volets de l'art de parler.

LES TROIS VOLETS DE L'ART DE PARLER : LE MESSAGE, LE MESSAGER ET L'AUDITOIRE

Je suis un orateur professionnel. Mais ne me demandez pas comment l'on sait que l'on est officiellement un orateur « professionnel », car je n'en ai aucune idée ! Tout ce que je sais, c'est que de grandes entreprises me versent des sommes ridiculement élevées pour que je m'adresse à leurs cadres supérieurs ou que je donne une conférence lors de leur congrès annuel. Cependant, il y a un aspect de ce travail qui est très clair pour moi, et ce sont les trois volets de l'art de parler.

LES TROIS VOLETS DE L'ART DE PARLER SONT :

1. Le message
2. Le messager
3. L'auditoire

Examinez ces trois volets. D'après vous, lequel dois-je avant tout garder à l'esprit lorsque je monte sur scène ? Croyez-vous qu'il s'agit du *message* que je livre, de moi-même en tant que *messager*, ou de mon *auditoire* ?

Il ne fait aucun doute que la réponse est l'*auditoire*. Il est ma première préoccupation lorsque je fais un discours, de quelque nature que ce soit. Et pour faire passer l'auditoire avant tout, il faut faire deux choses. Premièrement, vous devez connaître votre sujet à fond de manière à ne pas vous inquiéter de ce que vous allez dire. Un simple coup d'œil à vos notes suffit. Deuxièmement, en tant qu'orateur, vous ne devez pas penser à vous pendant que vous parlez. Par exemple, je ne me laisse pas aller à me demander si les gens ont remarqué que j'ai perdu presque tous mes cheveux, ou s'ils aiment mon complet, ma cravate ou tout autre détail à mon sujet. Je dois mettre tout ça de côté pendant que je prononce un discours afin de me concentrer sur une seule chose : mon auditoire.

« Ne pas étudier notre auditoire est l'erreur la plus courante. »

Cette capacité à se concentrer sur l'auditoire a un avantage certain, car il se fera l'écho de votre efficacité. Votre auditoire vous fera savoir s'il est intéressé, s'il s'amuse et passe un bon moment. Il vous fera savoir si vous êtes bon ou mauvais, si vous faites mouche et s'il estime ne pas perdre son temps. Lorsqu'un orateur a compris cela, il fait un bond en avant. Malheureusement pour l'auditoire, la plupart des orateurs n'apprennent jamais à maîtriser ces trois volets de l'art de parler – même ceux qui croient être des « professionnels ». C'est pour cette raison que la majeure partie des discours et des orateurs sont incroyablement ennuyeux.

Maintenant, permettez-moi de vous demander de considérer autre chose… Devez-vous tenir compte de ces trois volets de l'art de parler lorsque vous présentez votre entreprise à un prospect ? Si oui, lequel aura le plus d'importance dans votre présentation ? Est-ce votre *message*, vous en tant que *messager*, ou votre *auditoire* ?

En réalité, ce qui est vrai pour moi l'est tout autant pour vous. Le problème que nous avons dans l'industrie du marketing relationnel, c'est que notre *message* nous inspire tellement d'enthousiasme que nous oublions notre *auditoire* ! Il ne nous vient jamais à l'esprit d'étudier nos prospects pour vérifier s'ils sont intrigués, intéressés ou s'ils se demandent tout simplement pendant combien de temps encore nous pérorerons avant qu'ils puissent trouver un moyen élégant de prendre la fuite !

Comment vos prospects montreront-ils qu'ils sont intéressés ? Ils le feront par le biais de petits signaux. Par exemple, s'ils sont intéressés, ils vous poseront de nombreuses questions. Ils ne vous quitteront pas des yeux, hocheront la tête ou souriront. Observez leur langage corporel. Que vous dit leur posture ? Sont-ils détendus, ennuyés, fatigués, excités, avides d'en savoir plus, boivent-ils vos paroles ? Que vous disent leurs yeux ? Sont-ils grands ouverts ou à moitié fermés ? Leur regard s'accroche-t-il à vous ou vagabonde-t-il dans la pièce ? Que vous dit leur voix ? Est-elle animée, débordante d'énergie et d'enthousiasme ? Ou laisse-t-elle poindre la lassitude ou le désintéressement ?

Ne pas étudier notre auditoire est l'erreur la plus courante dans l'industrie du marketing relationnel. Cela est compréhensible étant donné l'enthousiasme que nous inspire notre message, mais comme nous le verrons, c'est une erreur qui demeure très coûteuse.

N'ACCAPAREZ PAS LES GENS – CAPTIVEZ-LES

Un soir, alors que je me rendais à une fête en voiture avec mon épouse, je me suis rappelé qu'une femme qui avait le don de « vous casser les oreilles » serait présente. Elle fait partie de ces gens qui sont capables d'accaparer quelqu'un pendant une fête et de lui parler pendant une heure sans prendre le temps de respirer. Une fois qu'elle a mis le grappin sur vous, il est impossible de lui fausser compagnie avec tact. Elle peut parler sans fin de son mari, de ses enfants et de son chien comme s'il s'agissait des sujets les plus fascinants de l'univers.

> ***« Notre message nous inspire tellement d'enthousiasme que nous oublions notre auditoire. »***

J'avais déjà été la victime de cette bavarde impénitente et j'ai donc dit à mon épouse : « Linda, il y aura une femme à cette fête qui te cassera les oreilles si tu lui en donnes la chance. Une fois qu'elle est lancée, il n'est vraiment pas facile de lui échapper. Tu serais prise au piège. Je te conseille de ne même pas la saluer. Si elle te parle, réponds-lui brièvement et continue à marcher, car il en sera fait de toi si tu t'arrêtes. Si elle réussit à t'accaparer, sache que je ne viendrai pas à ton secours. Tu devras te débrouiller, parce que je sais ce qui arrivera si je m'en mêle. Tu t'empresseras de t'excuser poliment en disant que tu dois aller te chercher quelque chose à boire. Et puis, je resterai planté là ! Donc, si tu te fais prendre, tu devras t'en sortir seule. » Elle a ri et s'est considérée comme prévenue.

Savez-vous ce qui est pire que d'être pris au piège par une telle personne ? C'est réaliser que l'on dit peut-être la même chose de nous lorsque nous nous laissons emporter par notre enthousiasme à propos de notre entreprise et que nous sommes persuadés que tout le monde se doit d'entendre ce que nous avons à dire, qu'ils en aient envie ou non.

Je me demande combien de fois les membres de la famille d'individus évoluant dans l'industrie du marketing relationnel ont dit quelque chose de similaire à ce que j'ai dit à mon épouse. Combien de fois un ami ou un membre de la famille a-t-il dit : « Dis n'importe quoi à Larry, mais ne lui pose surtout pas de questions à propos de son entreprise ! Si tu le fais, il sera tellement excité qu'il ne pourra plus se taire. Il sera intarissable et tu seras coincé avec lui pendant toute la soirée. »

Pour apprendre à bien doser nos conversations avec les autres, on peut tirer un enseignement de l'ancien président George Bush.

Les leçons d'un président

La plupart des gens peuvent débiter à toute allure la liste des moments les plus embarrassants qu'ils ont vécus. Généralement, ces moments paraissent affreux sur le coup, mais n'ont pas de conséquences sérieuses. Le temps passe et on se les remémore souvent en riant. Ils deviennent même une source de ravissement lorsque nous les revivons en pensée.

Si vous étiez George Bush, quel moment auriez-vous trouvé le plus embarrassant de votre vie? J'incline à penser que cet homme, qui a accompli un nombre extraordinaire de choses au cours de sa vie, a retenu un moment en particulier. Et c'est sans doute lorsque, en tant que président des États-Unis, il a assisté à un dîner officiel avec le premier ministre du Japon, Kiichi Miyazawa. Pendant le repas, le président Bush s'est senti nauséeux et (il n'y a pas de façon délicate de le dire) il a vomi sur le premier ministre japonais.

Je ne peux qu'imaginer l'expression sur le visage des autres convives lorsque cela s'est produit. Qu'ont fait les agents de sécurité? Comment ont réagi les autres invités et le personnel? Qu'auriez-vous fait si vous aviez été le serveur? Il est difficile de s'imaginer en train d'offrir un dessert. Et depuis cet incident, les Japonais ont un verbe pour signifier «rendre son déjeuner», et c'est *bushusuru*.

En quoi ce moment embarrassant dans la vie d'un ancien président a-t-il un lien avec nous qui évoluons dans l'univers du marketing relationnel? Nous avons le même problème avec nos prospects que le président Bush a eu avec le premier ministre du Japon: nous vomissons sur les gens! S'il y a un conseil que certains d'entre nous ne doivent pas oublier, c'est de *cesser* de «georgebusher» sur les autres! Nos prospects perdent l'appétit et n'ont plus envie de nous entendre. Ce n'est pas la meilleure stratégie pour être accueillis chaleureusement par notre marché chaud.

CESSEZ
de « georgebusher » sur les gens !

Lorsque j'offre de la formation dans des entreprises de marketing relationnel, il y a toujours quelqu'un qui me demande : « Tom, que dois-je faire si j'ai déjà « georgebushé » sur l'ensemble de mon marché chaud ? » C'est une excellente question qui déclenche toujours beaucoup de rires entendus. Heureusement, il existe une solution à ce problème.

Si vous avez « georgebushé » sur tout le monde (comme il m'est arrivé de le faire), prenez un moment pour tenter de comprendre ce qui s'est passé. Aux yeux de votre entourage, vous avez perdu un peu de votre crédibilité. Il devient imprudent de vous parler de votre entreprise. Les gens ne vous font plus confiance à cet égard. Vous devez donc réparer les pots cassés et reconstruire un climat de confiance. Vous devez prouver à tous que vous avez appris à parler calmement de votre entreprise de façon concise, même si vous débordez d'enthousiasme et de confiance.

Permettez-moi de vous donner un exemple. Supposons que Larry évolue dans l'univers du marketing relationnel et qu'il a « georgebushé » sur tous les membres de sa famille et son marché chaud. Il a fait toutes les erreurs imaginables : il a parlé trop longtemps, il en a trop dit et il n'a pas prêté attention à son auditoire. De plus, il devient bizarre en présence des gens, il est beaucoup trop excité et il vomit à répétition sur tous ceux qui lui manifestent ne serait-ce qu'un infime signe d'intérêt. Par conséquent, tous les membres de la famille de Larry n'ont plus le courage de lui poser la moindre question à propos de son entreprise – en fait, ils évitent le sujet à tout prix.

Maintenant, imaginons qu'il y a une grande réunion de famille et que tout le monde est attablé. Jusque-là, tous ont réussi à éviter d'interroger Larry au sujet de son entreprise, Cependant, Sue, qui est étudiante et qui est venue passer quelques jours de congé chez elle, ignore que Larry « georgebushe » sur tout le monde dès qu'il est question de son entreprise. Innocemment, elle lui demande donc : « Larry, j'ai entendu dire que tu avais créé une entreprise de marketing relationnel. Qu'est-ce que tu fais au juste ? Est-ce que ça te plaît ? »

Immédiatement, le cœur de tous les convives cesse de battre. Leur pire crainte est devenue réalité. Quelqu'un a ouvert la porte à Larry. Tous commencent à regarder leur montre en se demandant s'il serait poli de s'éclipser bientôt même si seule la salade a été servie.

Si Larry veut prouver qu'il a appris à faire preuve de retenue et à parler normalement, il a deux options :

Option n° 1 : Larry peut simplement répondre : « Sue, je me suis engagé dans une nouvelle entreprise. Je n'ai jamais été aussi excité ou convaincu. Merci de t'informer. Et toi, comment vas-tu ? »

Option n° 2 : Larry peut dire : « Merci de t'informer. Je me suis engagé dans une entreprise de marketing relationnel et j'adore ce que je fais. Mais pour être honnête avec toi, j'étais tellement excité au début que j'ai cassé les oreilles de tout le monde avec ça. J'apprends maintenant à être bref. Donc, je vais me contenter de te dire que je n'ai jamais été aussi sûr de ce que je fais. Merci de t'informer. Et toi, quoi de neuf ? »

Que fait Larry en répondant ainsi ? Dans le premier exemple, Larry *démontre* tout simplement qu'il a appris à parler brièvement de son entreprise. Dans le second exemple, Larry démontre qu'il peut faire preuve de concision, et il admet *également*, d'un ton badin, avoir fait des erreurs par le passé avec son trop-plein d'enthousiasme. De plus, dans chacune de ces réponses, Larry est à l'avant-plan de l'attention, mais au lieu de continuer à briller sous le feu des projecteurs en parlant de son entreprise, il les dirige rapidement sur Sue.

Lorsque Larry choisit l'une ou l'autre de ces options, son auditoire comprend qu'il commence à gérer son enthousiasme tout en tempérant son zèle. Il sent qu'il est maintenant possible d'interroger Larry à propos de son entreprise sans qu'il devienne bizarre et se mette à « georgebusher » sur tout le monde. Pour Larry, c'est une première étape vers la reconstruction d'un climat de confiance, de sécurité et de crédibilité avec ces gens, et pour bien marquer la différence, il devra probablement répéter ce processus plusieurs fois avant qu'on recommence autour de lui à l'interroger sérieusement à propos de son entreprise. Lorsque les gens recommenceront à lui poser des questions, Larry devra faire preuve de sagesse dans ses réponses. Sinon, il risquera de perdre pour de bon cette crédibilité qu'il a dû regagner.

Dans le prochain chapitre, nous verrons comment, avec l'aide de quelques idées et habiletés, nous pouvons aisément amener les gens à vouloir en savoir davantage sur notre entreprise.

Chapitre 5

COMMENT ÊTRE ACCUEILLI CHALEUREUSEMENT PAR VOTRE MARCHÉ CHAUD

DEUXIÈME PARTIE

N'oubliez pas que nous avons conclu un accord au début du chapitre précédent. Nous nous sommes permis de rire de nos erreurs dans le but de devenir plus efficaces et de mieux réussir. Donc, toujours avec votre permission, amusons-nous tout en acquérant de précieuses connaissances.

Avez-vous déjà utilisé un service en ligne qui génère des revenus grâce à la publicité? Par exemple, America Online présente à ses visiteurs une nouvelle pub chaque jour lorsqu'ils accèdent au réseau Internet. Ces derniers réagissent d'un clic de souris en choisissant l'une de deux options:

NON MERCI	JE VEUX EN SAVOIR PLUS !

Avec toutes ces pubs, l'annonceur n'a que peu de temps pour éveiller l'intérêt des internautes qui prennent une décision en une fraction de seconde.

Maintenant, imaginez que vous naviguez sur le Web et qu'une publicité pour laquelle vous n'avez pas manifesté d'intérêt vous est quand même présentée. Vous avez cliqué sur « Non merci », mais cela n'a rien donné – en fait, vous voyez défiler sur votre écran l'information que vous ne vouliez pas recevoir ! Au début, vous êtes perplexe. Et puis, vous vous mettez peut-être à cliquer de façon répétitive avec votre souris sur la case « Non merci ». Maintenant, imaginez que vous devez répéter ce manège pendant 30, 40 ou même 50 minutes pour vous débarrasser de cette pub ! Il n'y a pas moyen d'y échapper ! Et après tout ce temps, vous malmenez sans doute votre souris et vociférez devant votre écran ! Vous pouvez presque entendre Regis Philbin[1] vous demander : « Est-ce votre dernier mot ? » chaque fois que vous cliquez sur « Non merci ». Et bientôt, vous hurlez : « Évidemment que c'est mon dernier mot ! Laissez-moi sortir de là ! »

Cela vous semble familier ? Trop souvent, des prospects cliquent poliment sur la case « Non merci », mais nous continuons tout de même à jacasser. Nous devons respecter leur demande. Nous aurons d'autres occasions de leur parler de notre entreprise lorsqu'ils seront prêts à dire : « Je veux en

1. Animateur du jeu télévisé *Who Wants To Be a Millionnaire?* dont la version française : *Qui veut gagner des millions?* était animée par Jean-Pierre Foucault. *(Note de la traductrice)*

savoir plus ! » Et la première étape pour obtenir cette requête consiste à apprendre quelle est notre principale responsabilité.

VOTRE PRINCIPALE RESPONSABILITÉ

Je ne connais pas grand-chose aux voitures, mais je sais tout de même qu'elles sont équipées d'une cloison pare-feu. Cette cloison est une barrière physique entre le compartiment moteur et la zone passagers qui a été conçue dans le but d'amortir le bruit du moteur, de contenir d'éventuelles flammes et de protéger les passagers en cas d'accident.

> **« *Nous voulons attirer les gens dans notre industrie comme un aimant, et non les repousser.* »**

Dans l'industrie du marketing relationnel, il y a aussi une cloison pare-feu qui sépare toute compagnie mère (le compartiment moteur) de ses représentants (la zone passagers). Cette cloison est l'un des meilleurs aspects de notre industrie. Elle permet aux individus qui s'associent à une entreprise de constituer leur propre équipe sans avoir à gérer la multitude de problèmes internes que doit régler une société en pleine expansion. Tant que le moteur fonctionne bien, les représentants peuvent se concentrer sur la conduite de leur propre affaire.

De nombreux individus évoluent dans l'univers du marketing relationnel depuis de nombreuses années sans jamais avoir fait la distinction entre leur rôle de représentants et le rôle de la compagnie mère. Le marketing relationnel est naturellement plus efficace lorsque la compagnie mère et ses représentants assument chacun leurs responsabilités. Voici ce qui devrait se produire de chaque côté de la cloison pare-feu :

La responsabilité de la compagnie mère	**La responsabilité des représentants**
1. La compagnie mère a la responsabilité d'ouvrir de nouveaux *marchés.*	1. Les représentants ont la responsabilité d'ouvrir leur *bouche.*
2. La compagnie mère a la responsabilité de découvrir et de développer de nouveaux *produits.*	2. Les représentants ont la responsabilité de découvrir et de développer de nouveaux *participants.*
3. La compagnie mère a la responsabilité de pénétrer dans de nouveaux *pays.*	3. Les représentants ont la responsabilité de pénétrer le marché et d'amorcer de nouvelles *conversations.*

Si notre tâche première consiste à amorcer des conversations et à découvrir de nouveaux participants, nous devons alors apprendre l'art d'interagir avec les autres de façon à éveiller leur intérêt à en apprendre davantage sur notre entreprise. Nous devons aiguiser leur appétit et leur curiosité. Nous voulons attirer les gens dans notre industrie comme un aimant, et non les repousser. Mais qu'est-ce qui les attire ? C'est la question que nous devons nous poser.

RELIEZ LES POINTS !

Vous avez déjà entendu cette expression : « Mais qu'est-ce que cela a à voir avec le prix des œufs en Chine ? » On peut glisser cette phrase dans une conversation lorsque quelqu'un fait un commentaire qui ne semble avoir aucun lien avec le sujet de la discussion, comme s'il était sorti de nulle part. Ce quolibet est une façon humoristique de dire que, sans un lien clair et net avec la conversation courante, vous ne savez que faire de ce commentaire.

Cette même « déconnexion » peut se produire lorsque des représentants présentent leur entreprise à leur entourage. Si vous voulez éveiller l'intérêt de vos interlocuteurs, alors montrez-leur comment votre entreprise, votre histoire et votre enthousiasme ont un lien avec *leur* vie. Si vous n'établissez pas ce lien, vos prospects ne resteront que des auditeurs passifs. Ils pourront vous écouter pendant un moment en tant qu'amis (intérêt mitigé), mais ils se désintéresseront rapidement de votre histoire si vous n'établissez pas de lien entre votre entreprise et leur situation. Plus longtemps vous parlerez sans les aider à voir comment votre entreprise pourrait combler leurs besoins ou désirs, plus vous risquerez qu'ils pensent : *Mais qu'est-ce que cela a à voir avec le prix des œufs en Chine ?* C'est-à-dire : *Mais qu'est-ce que cela a à voir avec moi ?*

Vous obtiendrez toutefois une réaction complètement différente si vous établissez ce lien. Vos prospects verront alors votre récit sous un tout autre jour.

Ne risquez pas de paraître envahissant et hors de propos. Si vous voulez faire progresser vos interlocuteurs sur l'échelle de l'intérêt (de mitigé, à modéré, à vif), commencez par établir un lien entre votre entreprise et *leur* vie. Lorsque

ILS COMMENCERONT À VOIR VOTRE ENTREPRISE COMME...

- personnellement intéressante pour eux ;
- reliée à leur vie ;
- valant la peine de prendre le temps de la découvrir ;
- une solution à leurs problèmes ;
- une réponse à leurs prières ;
- une source d'espoir ;
- une stratégie pratique pour réussir ;
- un moyen de mettre un terme à certaines choses ;
- une source de changement positif dans leur vie ;
- une bonne nouvelle !

vous établissez ce lien, cela attise la flamme de l'intérêt, et si vous continuez à nourrir soigneusement le foyer, le feu ne s'éteindra pas.

Il y a deux autres habiletés qui facilitent grandement l'établissement de ce lien entre votre entreprise et la vie de vos prospects. Tout d'abord, vous devez être conscient du fait que les gens s'engagent dans notre industrie pour l'une de trois raisons. Ensuite, vous devez développer une technique d'écoute qui vous permettra de déterminer les raisons spécifiques pour lesquelles un prospect en particulier pourrait se joindre à votre équipe.

QUE FERIEZ-VOUS AVEC 40 MINUTES ?

Avant d'aborder ces deux habiletés, permettez-moi de vous demander de réfléchir à quelque chose. Si vous aviez 40 minutes à passer avec un prospect de votre marché chaud, quelle portion de ce temps passeriez-vous à présenter votre entreprise pour la première fois ? Un grand nombre d'entre nous a le réflexe de bavarder de tout et de rien pendant cinq minutes, et puis de nous lancer avec enthousiasme dans la présentation de notre entreprise pendant 35 minutes. Je vous suggère plutôt d'apprendre à passer 35 minutes à *écouter* votre prospect et seulement cinq minutes à lui expliquer en quoi votre entreprise a un lien avec ce qu'il veut dans la vie.

Il est vrai que cette approche est inenvisageable pour certains individus dans notre industrie. Ils y voient une perte de temps. Dès qu'ils décèlent une étincelle d'intérêt, ils ont plutôt tendance à en tester la vigueur en y posant rapidement une bûche de 20 kilos. Pour eux, le marketing relationnel est simplement un jeu de nombres dans lequel il suffit de sonder d'innombrables prospects afin de dénicher quelques bons éléments.

En ce qui me concerne, je soutiens qu'avec notre marché chaud, nous avons le temps d'allumer soigneusement le feu en créant intérêt, pertinence et crédibilité. Préférez-vous passer 35 minutes avec un prospect uniquement pour qu'il en arrive à la conclusion qu'il est inutile de vous reparler de votre entreprise, ou lui consacrer cinq minutes qui lui donneront envie d'en apprendre davantage ? En faisant le mauvais choix quant à la façon d'employer votre temps avec un prospect, vous fermez à clé les portes de la communication. L'écoute ouvre largement ces portes et la communication peut donc se poursuivre.

LES TROIS RAISONS POUR LESQUELLES LES GENS S'ENGAGENT

Il est facile de présumer que les gens s'engagent dans le marketing relationnel pour une raison unique – l'argent –, mais si nous prêtons davantage attention à notre auditoire, nous découvrons que la plupart des gens sont attirés par notre industrie pour l'une de *trois* raisons : les revenus, la reconnaissance ou l'affiliation.

Les revenus : Cette raison est évidente. Le marketing relationnel offre aux gens l'occasion de générer un flux continu de revenu résiduel. Mais n'allez pas croire spontanément qu'il s'agit du principal facteur de motivation pour tous. Ce n'est pas le cas. De plus, écoutez attentivement vos prospects afin de découvrir le *montant* du revenu qui leur semble attrayant. Il y a des centaines de milliers d'individus qui se lancent dans cette industrie en ne voulant gagner que quelques centaines de dollars par mois. Se faire un « fric fou » ne les intéresse pas. Ils s'engagent en caressant des rêves modestes et pragmatiques.

L'affiliation : De nombreux individus s'engagent dans le marketing relationnel tout simplement parce qu'ils apprécient les interactions sociales pendant les réunions et qu'ils aiment se faire de nouveaux amis. Ils sont attirés par les relations avec autrui et non par l'argent, et ils trouvent dans l'univers du marketing relationnel des gens qui sont généralement très amicaux et amusants – des gens qui ont soif de vivre, qui sont stimulés par la joie d'avoir un rêve et un véhicule pour le concrétiser. Le marketing relationnel est idéal pour ces individus, et ils sont parfaits pour lui. Ils apportent chaleur, vie et humour partout où ils vont.

La reconnaissance: Cette raison est moins évidente, mais elle n'en est pas moins très importante. De nombreux individus s'engagent dans le marketing relationnel parce qu'ils sentent que c'est une industrie dans laquelle les gens sont honorés publiquement pour leurs efforts. Ils voient que le dur labeur des représentants et leurs accomplissements personnels sont reconnus, et qu'ils ont des promotions.

Lorsque vous vous adressez à un prospect, posez-vous cette question : *Laquelle de ces trois raisons de s'engager pourrait être la plus importante pour lui?* Ne présumez pas que vous connaissez la réponse à cette question, et évitez l'erreur courante qui consiste à croire que *votre raison* de vous engager est nécessairement la même que *la leur*. Prêtez attention à votre auditoire et vous verrez apparaître la raison pour laquelle les gens ont envie de se joindre à votre entreprise.

Les leçons d'un vieil homme

Je passe régulièrement du temps au Capitole parce que j'y travaille comme mentor auprès des membres du Congrès. Lorsque vient le moment de voter, il est devenu un rituel pour les membres de sortir de leur bureau en trombe, car ils n'ont que 15 minutes pour exprimer leur opinion. Pour leur permettre d'aller plus vite, ils ont à leur disposition un métro souterrain qui relie les édifices de l'administration au Capitole lui-même. Ce métro est un petit train de cinq wagons, dont deux pour les passagers à l'avant, un au milieu pour le chauffeur, et deux autres à l'arrière. Chaque wagon-passagers peut transporter six personnes assises. Le trajet ne dure qu'une minute.

Lorsqu'il y a vote, l'ensemble des 435 membres du Congrès laisse en plan ce qu'ils sont en train de faire et converge vers le Capitole. Et le métro est alors bondé. Il n'est pas rare que 10 à 12 personnes s'entassent dans chaque wagon.

> **« Les gens ont besoin de se sentir valorisés et appréciés pour leur talent, leurs habiletés et leurs efforts. »**

Il n'y a pas si longtemps, j'étais au beau milieu d'une rencontre avec le président d'un comité lorsqu'un vote a été appelé. Nous nous sommes précipités vers le métro et y avons grimpé. Les wagons étaient remplis à craquer de membres du Congrès tous identiques avec leur complet et leur cravate. Ils avaient l'air très important, beaucoup trop pour remarquer le chauffeur du métro ou parler à cet homme doux d'environ 80 ans. Je me suis adressé à lui par-dessus le bruit du train et le bavardage des membres du Congrès. Je lui ai demandé s'il avait passé une bonne journée, à quelle heure il avait commencé son service, s'il y aurait plusieurs votes et s'il savait à quelle heure la séance serait levée.

Lorsque le métro est arrivé au Capitole, les portes des wagons se sont ouvertes et j'étais prêt à sauter sur le quai et à me hâter vers la salle où l'on nous attendait pour voter. Juste avant de sortir, j'ai senti une petite tape sur mon bras. Je me suis tourné et j'ai vu que c'était le chauffeur. Il n'a pas dit un mot. Il s'est contenté de me regarder en souriant. Et puis, il a plongé la main dans sa poche, en a tiré deux bonbons et me les a donnés.

Pourquoi a-t-il fait ça? C'était sa façon de me dire « merci ». Merci de m'avoir remarqué. Merci de m'avoir traité comme un être humain. Merci de ne pas avoir fait comme si je n'étais qu'une composante du métro. Merci de ne pas avoir agi comme si je ne valais pas la peine que l'on s'adresse à moi. Merci de ne pas m'avoir donné l'impression d'être invisible.

J'ai toujours ces deux bonbons. Ils m'aident à ne pas oublier ce que ce vieil homme m'a appris : le pouvoir de la reconnaissance offerte aux autres.

Lorsque de valeureux efforts passent inaperçus

Il y a des centaines de milliers d'individus qui, chaque jour, font de leur mieux au travail et avec leur conjoint ou leurs enfants. Ils font tout ce qu'ils peuvent et du mieux qu'ils le peuvent, mais dans bien des cas, ces efforts passent inaperçus ou ne sont pas reconnus à leur juste valeur.

- Demandez autour de vous comment l'on se sent lorsqu'on fait un travail extraordinaire uniquement pour que le patron s'en attribue tout le mérite. Récemment, j'ai discuté avec un jeune homme brillant qui faisait des recherches extrêmement créatives dans le domaine de la médecine nucléaire. Il avait des idées originales que personne ne comprenait. Il a commencé à tester ses théories à temps perdu. Son patron ne lui apportait ni soutien ni encouragement. Aujourd'hui, alors que ses recherches sont reconnues à l'échelle nationale, son patron s'en attribue tout le mérite. L'argent n'intéresse pas ce brillant jeune homme ; il ne veut qu'apporter sa contribution à la médecine, mais il en a assez d'un patron égoïste et instable qui lui vole ses découvertes et il songe à démissionner. S'il le fait, ce sera non seulement une perte pour son employeur, mais ce sera une perte pour l'humanité. Cela se produit chaque jour dans le monde du travail.

- Demandez à des employés dévoués comment l'on se sent lorsqu'on se fait dire qu'un projet est « prioritaire ». Ils laissent leurs tâches courantes en plan, ils font des heures supplémentaires et ils travaillent le week-end, ils négligent leur vie personnelle et subissent un stress additionnel. Ils mènent le projet à terme uniquement pour apprendre que les plans ont changé – ce qu'ils ont accompli n'était pas nécessaire. Leurs habiletés, leurs efforts et leurs sacrifices sont passés sous silence.
- Demandez à des conjoints ou à des parents comment l'on se sent lorsqu'on fait de son mieux à la maison sans jamais entendre le mot « merci ». Demandez-leur comment ils se sentent lorsqu'ils se font régulièrement rappeler leurs défauts, mais rarement féliciter pour ce qu'ils accomplissent avec brio.

Les êtres humains ont un besoin de reconnaissance bien légitime. Les gens ont besoin de se sentir valorisés et appréciés pour leur talent, leurs habiletés et leurs efforts. De nombreux individus ont constaté que les efforts soutenus et le dur labeur sont reconnus et récompensés dans l'industrie du marketing relationnel. Ils ne cessent de travailler dur et de réussir parce qu'ils sont heureux de voir qu'ils sont remarqués, appréciés et valorisés. Leur facteur de motivation n'est pas l'argent, mais le pouvoir de la reconnaissance légitime. C'est l'une des grandes forces de notre industrie.

APPRENEZ À ÉCOUTER EN « 3D »

Savez-vous qu'il arrive souvent que les gens vous disent *directement* qu'ils aimeraient peut-être se joindre à votre entreprise ? Ils le font – sans cesse. Malheureusement, nous sommes nombreux à ne rien entendre. Ou nous faisons l'erreur classique et fatale de nous montrer si excités par leur intérêt que nous les faisons fuir.

De quelle manière les gens nous disent-ils pourquoi ils veulent se joindre à notre équipe ? Ils le font lors de conversations ordinaires alors qu'ils nous parlent de leur vie. Ils ne nous disent pas carrément : « Je veux faire la même chose que toi » ou « Je veux que tu m'aides à gagner plus d'argent. » Ils sont plus subtils que cela ; mais lorsque vous aurez appris à vraiment *écouter* votre auditoire, vous découvrirez que les gens ne cessent de vous dire pourquoi ils ont besoin de s'engager dans l'industrie – d'une voix forte et claire.

Comment capter ce message ? En apprenant à « écouter en 3D ».

ÉCOUTER EN 3D, C'EST APPRENDRE À ÉCOUTER LORSQUE LES GENS :

1. Nous parlent de leurs *rêves*.
2. Nous parlent de leurs *désirs*.
3. Nous parlent de leurs *insatisfactions*.

À quoi cela ressemble-t-il dans la vie quotidienne ? Personne ne vous appellera pour vous dire : « Je suis insatisfait aujourd'hui. Pouvons-nous nous voir ? J'aimerais que tu m'expliques comment ton entreprise pourrait m'aider à régler mes problèmes. » Vous connaissez sans doute cette expression : « Même pas en rêve ! » Les deux exemples qui suivent sont beaucoup plus réalistes :

- Pendant que vous bavardez au téléphone avec une amie, elle vous confie son exaspération : « Je n'arrive pas à y croire ! Notre lave-vaisselle nous a laissé tomber et nous devrons dépenser 600 $ pour en acheteur un neuf. C'est bien la dernière chose que nous pouvons nous permettre actuellement. »
- Vous êtes avec un ami et il vous dit : « La réparation de notre voiture vient de nous coûter 800 $. En fait, c'est d'une nouvelle voiture dont nous aurions besoin, mais c'est beaucoup trop cher. De plus, nous n'avions même pas les moyens de payer cette facture stupide. »

Si quelqu'un vous faisait une confidence semblable, que feriez-vous ? Nous serions nombreux à faire l'une de deux erreurs. La première est de ne même pas penser à établir un lien entre leur commentaire et notre entreprise. La seconde est de nous laisser emporter par l'excitation et de dire à cette personne qu'elle a absolument besoin de découvrir notre entreprise, de s'engager et de gagner beaucoup d'argent ! Dans un cas, nous en disons trop peu ; dans l'autre, nous en disons trop et frôlons l'hystérie. Ces deux erreurs font en sorte que le problème de notre interlocuteur n'est pas résolu et que notre entreprise n'a pas progressé.

Comment développer l'habileté qui consiste à écouter en 3D ? Premièrement, rappelez-vous comme il est efficace de se concentrer sur notre auditoire et d'écouter attentivement ce que nos prospects ont à dire. Vous devenez une personne très spéciale aux yeux des gens lorsque vous les écoutez et leur montrez que vous comprenez leur situation. C'est vrai, parce que les gens n'ont pas l'habitude d'être écoutés avec respect et d'être compris. Comme l'a dit Ralph Waldo Emerson : « C'est un luxe que d'être compris. » Accordez ce « luxe » aux autres et vous serez étonné du temps et du respect qu'ils vous offriront lorsque vous établirez un lien entre leur vie et votre entreprise.

En fait, je ne suggère pas que vous utilisiez l'écoute comme un stratagème ou un moyen d'arriver à vos fins. Écoutez plutôt parce que vous vous souciez des autres. Parlez-leur de votre entreprise parce que vous connaissez leur situation et parce que vous savez qu'elle rejoint exactement ce qu'ils veulent dans la vie ou ce dont ils ont besoin. N'oubliez pas qu'il y a peu de gens qui sont aussi éloquents ou intéressants que de bons auditeurs. C'est peut-être pour cette raison que ce poème anonyme a été écrit :

Ses pensées étaient lentes,
Ses paroles étaient rares,
Elles n'étaient jamais formées dans l'intention de briller.
Mais il était une joie pour tous ses amis.
Vous auriez dû l'entendre écouter !

Lorsque vous écoutez en 3D, prêtez attention aux diverses façons dont les gens expriment leurs rêves, leurs désirs et leurs insatisfactions. Faites travailler votre esprit comme un ordinateur. Mettez-le en mode recherche. Découvrez leurs sources de tensions, leurs souhaits, leurs regrets, leurs buts, leurs envies, leurs tracas, leurs frustrations, leurs espoirs, leurs loisirs, leurs intérêts, leurs problèmes, leurs luttes, leurs inquiétudes et leurs plaisirs.

APPRENEZ À ÉCOUTER LORSQUE LES GENS VOUS DISENT, PAR EXEMPLE :

« Si l'argent n'était pas un problème… »

« S'il n'en tenait qu'à moi… »

« Si je le pouvais, je ferais… »

« Si j'avais le temps… »

« Si je pouvais faire un souhait… »

Lors de vos interactions avec les gens qui composent votre marché chaud, apprenez à prêter attention aux saisons et aux rythmes de la vie. Remarquez que :

- En septembre, vous les entendrez parler du coût du retour en classe de leurs enfants – vêtements, activités parascolaires, livres, loisirs, sports, cours privés ou frais de scolarité
- En décembre, vous les entendrez parler de ce que coûte la période des Fêtes – cadeaux, déplacements, réceptions, etc.
- En janvier, vous les entendrez parler de leur facture de carte de crédit qu'ils ont surutilisée en décembre.
- En février et en mars, vous les entendrez rêver tout haut de s'échapper au soleil pour fuir l'hiver.
- En avril, vous les entendrez dire qu'ils ont besoin d'argent pour payer leurs impôts ou renouveler leur garde-robe en prévision de l'été.
- Pendant l'été, vous les entendrez discuter de leur envie de s'offrir de longues vacances, de voyager ou de tout simplement prendre du temps pour eux.

Si vous écoutez attentivement, vous découvrirez que les gens vous donnent régulièrement un aperçu de leurs rêves, de leurs désirs et de leurs insatisfactions. Lorsque vous apprenez à déterminer ce qu'ils veulent, et puis à établir un lien entre leurs envies et votre entreprise, vous verrez que leur degré d'intérêt montera en flèche et qu'ils regarderont vos activités sous un jour nouveau.

TROUVEZ VOTRE VOIX

Si vous voulez présenter votre entreprise avec un maximum d'efficacité, vous devez « trouver votre voix ». Donnez-vous la permission d'être ce que j'appelle un « ACE »[2]. Qu'est-ce que cela signifie ?

ÊTRE UN « ACE », C'EST :

- Parler avec *Autorité.*
- Parler avec *Conviction.*
- Parler avec *Enthousiasme.*

Considérez ces trois voix : l'autorité, la conviction, l'enthousiasme. Laquelle croyez-vous que les gens qui évoluent dans l'univers du marketing relationnel utilisent le plus souvent ?

Vous connaissez la réponse – l'enthousiasme. De fait, l'enthousiasme est la *seule* voix que connaissent certains représentants. Ils parlent de l'industrie et la « portent aux nues ! »

2. En français, un « AS ». *(Note de la traductrice)*

Ils supposent que leurs prospects seront balayés par la force de leur enthousiasme et qu'ils se joindront immédiatement à leur équipe.

J'aime voir les gens faire preuve d'enthousiasme. C'est une qualité merveilleuse et l'une des caractéristiques que je préfère dans notre industrie. Mais vous devez également être conscients de l'importance d'apprendre à parler avec conviction et autorité. Ceci est particulièrement vrai lorsque vous vous adressez à des prospects qui sont plus avertis en matière de commerce et de finances.

Permettez-moi de vous donner un exemple. Si vous et moi étions des amis ou des connaissances et que vous me demandiez de jeter un coup d'œil sur vos activités, je pourrais le faire. Mais votre enthousiasme jouerait un rôle minime dans ma décision de devenir membre de votre équipe. Je chercherais plutôt à évaluer votre degré de conviction et d'autorité. C'est ce qui serait le plus attirant et le plus puissant pour moi, c'est ce qui aurait le plus d'influence sur ma réaction. Je voudrais connaître la profondeur de vos croyances et les raisons pour lesquelles vous croyez en votre entreprise. Si tout cela m'apparaît sensé, alors je commencerai moi aussi à y croire. Et lorsque j'y croirai, votre entreprise deviendra pour *moi aussi* une source d'enthousiasme.

Ne vous inquiétez pas si vous n'avez jamais appris à être un « ACE ». Il n'y a pas de mal à ce que vous soyez encore en train d'apprendre à parler avec autorité et conviction. De nombreux représentants ont connu un énorme succès en commençant avec rien de plus qu'une voix pleine d'enthousiasme. Mais ce n'est pas parce que l'on débute ainsi qu'il faut en rester là. Alors que votre équipe et votre entreprise grandissent, votre habileté à maîtriser les trois voix se révélera un atout inestimable. Et si vous souhaitez attirer un plus grand nombre de représentants qui connaissent bien le monde des affaires et de la finance, vous devez vous donner la permission de trouver votre voix. Vous devez parler avec autorité, conviction *et* enthousiasme.

Étudiez les leaders et les représentants les mieux rémunérés de votre compagnie mère. Apprenez à connaître des gens tels que Jimmy Dick, Kathleen Deoul, Meda Branwell et Allyn Jones. La plupart du temps, vous découvrirez qu'ils apportent un riche mélange d'autorité, de conviction et d'enthousiasme à leurs interactions avec les autres. Ils avaient peut-être cette habileté avant de se lancer dans l'industrie du marketing relationnel, ou bien ils l'ont acquise en développant leur entreprise. Dans un cas comme dans l'autre, observez-en l'impact.

CRÉEZ VOTRE BANDEAU DÉROULANT

Avez-vous remarqué la présence de plus en plus fréquente de bandeaux déroulants au bas de l'écran de votre téléviseur ? Les chaînes de nouvelles en continu telles que CNN les ont adoptés. On peut ainsi regarder une émission tout en jetant un coup d'œil sur le texte qui défile et, ainsi, prendre connaissance d'autres nouvelles.

Lorsque vous parlez de votre entreprise, tentez d'imaginer qu'un bandeau de ce genre défile sur l'écran de votre esprit. Il vous rappellera secrètement les habiletés dont nous avons discuté. Vous trouverez plus bas les pensées que je veux que vous inscriviez sur ce bandeau mental. Inspirez-vous-en pour interagir efficacement avec les autres. Des personnes auprès de qui j'ai agi comme mentor lui ont donné ce nom : « Le bandeau Barrett ».

« LE BANDEAU BARRETT »

1. *Je reverrai cette personne.* (Cette pensée réduit l'urgence de lui parler en détail de votre entreprise.)
2. *Je ne fais que tenter d'allumer un feu.* (Cette pensée vous rappelle d'alimenter, et non d'étouffer, l'étincelle d'intérêt que vous décelez chez votre interlocuteur.)
3. *Il y a divers degrés d'intérêt : vif, modéré et mitigé.* (Ne confondez pas les échelons 1 et 10 sur l'échelle de l'intérêt.)
4. *L'art de parler compte trois volets : le message, le messager et l'auditoire.*
5. *Cessez de « georgebusher » sur tout le monde !*
6. *Les gens s'engagent dans l'industrie pour trois raisons : les revenus, la reconnaissance et l'affiliation.*
7. *Écoutez en « 3D » afin de découvrir les rêves, les désirs et les insatisfactions de vos prospects.*
8. *Reliez les points.*
9. *Soyez un « ACE ». Parlez avec autorité, conviction et enthousiasme.*

Je vous conseille de mémoriser cette liste d'habiletés qui jouent un rôle déterminant dans la réaction que vous obtiendrez de la part de votre auditoire. Plus votre équipe et vous les utiliserez, plus vous serez accueillis chaleureusement par votre marché chaud.

Est-il vraiment nécessaire de savoir tout ça ?

Certains individus pourront penser qu'il est trop fastidieux d'apprendre et de mettre en pratique ces habiletés. Ils seront même en mesure de nommer une personne qui a grossi les rangs de leur entreprise malgré sa technique « George Bush ». Il est indéniable que cela arrive. Ce qui me préoccupe, ce ne sont pas les quelques représentants que nous attirerons de cette manière, mais bien les milliers de prospects qui « s'enfuiront » parce que notre style les aura rebutés.

Récemment, j'ai dîné avec l'un des plus grands chirurgiens des États-Unis et il m'a fait part des nombreuses frustrations que suscite la gestion intégrée des soins de santé, et comment cela lui enlève tout plaisir à travailler. Après l'avoir écouté attentivement, je lui ai proposé de jeter un coup d'œil à l'industrie du marketing relationnel. Il m'a répondu : « Je préférerais mourir de faim. » En riant, je lui ai dit que cela pourrait bien arriver, et puis je lui ai demandé pourquoi il pensait cela. Il m'a dit qu'il avait vu tant de gens échouer dans cette industrie qu'il était incapable d'imaginer s'y engager.

Je ne pouvais qu'être d'accord avec lui. Et puis, je lui ai suggéré d'examiner le nouveau degré de professionnalisme qui caractérise maintenant notre industrie. Heureusement, il me fait confiance. Mais le feu démarrera lentement à cause des innombrables individus qui l'ont approché avant moi.

Nous avons toutes les raisons d'être fiers de notre entreprise et d'être excités par elle. Démontrons donc cette fierté et cette excitation de telle manière que les autres soient impatients de faire partie de notre équipe. Faisons tous notre part et adoptons une conduite professionnelle qui poussera les gens à dire : « Je veux en savoir plus ! »

Chapitre 6

QUELQU'UN VOUS DIT « NON » ? LA BELLE AFFAIRE !

Le restaurant avait une excellente réputation. Le chef, connu dans tout le pays, était réputé pour l'excellence de ses plats, tous soigneusement et artistiquement préparés et présentés. Chaque année, l'établissement se classait parmi les trois meilleurs restaurants de Chicago, et c'est donc en nourrissant de grandes attentes que Kathy et ses cinq invités sont arrivés et ont attendu la table qu'elle avait réservée.

Une fois qu'ils ont été confortablement assis, un serveur est apparu et leur a souhaité la bienvenue. Il a tendu un menu à chacun, a présenté la carte des vins, a proposé un apéritif et une entrée et, avant de se retirer, a expliqué fièrement en quoi consistaient les deux plats du jour que le chef avait méticuleusement préparés.

Un peu plus tard, le serveur est revenu prendre les commandes du plat principal. Les convives avaient fait leur choix. Mais avec chaque commande, le serveur était de plus en plus bouleversé. Kathy a parlé en dernier et, comme les autres, elle n'a pas choisi l'un des plats du jour que le serveur avait chaudement recommandés.

Pour le serveur, cette dernière commande a été la goutte qui a fait déborder le vase. Il ne pouvait plus contenir sa frustration. Les larmes aux yeux, il a regardé les clients et leur a demandé pourquoi aucun d'eux n'avait choisi l'un des « spéciaux du chef ». Il leur a dit qu'ils avaient été préparés avec soin, qu'ils étaient aussi beaux que bons, que leur prix était plus qu'abordable, et qu'il voulait savoir pourquoi personne ne l'avait écouté. Sous le regard stupéfait des clients, le serveur a lancé son stylo et son carnet sur la table. Il a ensuite enlevé son veston, qui a suivi le même chemin. Alors que le contenu des verres renversés se répandait partout sur la nappe, il a déclaré : « Si personne n'est intéressé par ce que j'ai à offrir, eh bien, je démissionne ! » Il leur a tourné le dos et il est sorti du restaurant.

> ***« Si quelqu'un vous dit "non", n'en faites pas tout un plat. »***

Pouvez-vous imaginer un serveur qui s'identifie tellement à son travail qu'il se sent personnellement rejeté lorsqu'un client ne tient pas compte de ses suggestions ? Heureusement, cette histoire est fictive, mais certains individus évoluant dans l'univers du marketing relationnel réagissent de la même manière lorsqu'un prospect refuse de s'engager. Ils s'identifient outre mesure à leur entreprise et se sentent personnellement rejetés si quelqu'un choisit de ne pas commander leurs produits ou de ne pas se joindre à leur équipe.

Pour rester confiant et optimiste lorsqu'on évolue dans notre industrie, il est utile de comprendre *pourquoi* les gens déclinent parfois notre offre. Il est également bon d'apprendre comment réagir avec *confiance* lorsque cela se produit.

Amusons-nous et apprenons à réagir de façon adéquate dans ces moments où, pour une raison ou pour une autre, les gens ne sont pas intéressés par ce que nous avons à leur offrir. Il faut savoir « se ressaisir ». Si quelqu'un vous dit « non », n'en faites pas tout un plat. Vous ne vous sentirez personnellement visé que si vous avez oublié votre rôle et la multitude de raisons qui poussent les gens à refuser vos invitations – et ces raisons n'ont rien à voir avec vous ou votre entreprise.

PARLER DE NOTRE ENTREPRISE N'EST PAS AUSSI SIMPLE QU'IL Y PARAÎT

De prime abord, présenter notre entreprise à quelqu'un semble une interaction assez simple. Notre interlocuteur « comprendra » ou non. Il se joindra à notre équipe ou non. C'est l'affaire d'une simple décision – « oui » ou « non » –, du moins en apparence. Gardez toutefois à l'esprit que nous communiquons avec les gens à un niveau beaucoup plus profond.

Avez-vous déjà pêché avec une canne en bambou ? C'est merveilleusement simple. Il suffit d'enfiler l'appât sur l'hameçon, de fixer un plomb sur le fil, ainsi qu'un flotteur un peu plus haut. Ensuite, vous lancez votre ligne à l'eau. L'hameçon appâté coule sous la surface et vous n'avez qu'à vous asseoir et à attendre. Mais comment savoir si un poisson a mordu alors que vous ne pouvez plus voir l'hameçon ?

Si vous avez déjà pêché de cette manière, vous connaissez la réponse : vous verrez le flotteur danser à la surface de l'eau. Il est important de comprendre que le flotteur ne se trouve pas là où se déroule l'action – le théâtre de l'action est sous l'eau, à la même profondeur que l'hameçon. Le flotteur ne fait qu'indiquer qu'il se passe en profondeur quelque chose que vous ne pouvez pas observer directement.

C'est à cela que ressemble le travail du mentor en milieu de travail ou du psychologue en cabinet – au « niveau du flotteur », on voit le comportement extérieur des gens, leurs gestes et leurs attitudes, mais on ne comprend ce qui se passe vraiment qu'en prêtant attention à ce qui se déroule *sous* la surface, au « niveau de l'hameçon ». C'est de là qu'émanent le véritable sens et les motivations du comportement humain. Les cliniciens et les mentors les plus doués sont ceux qui ont appris à voir au-delà du niveau du flotteur et à observer et interpréter avec finesse ce qui se passe sous la surface, au niveau de l'hameçon.

N'oubliez pas ceci, car lorsque vous parlez de votre entreprise à des prospects, la réaction qu'ils ont en surface peut grandement différer de leur réaction « au niveau de l'hameçon ». Il se passe dans leur esprit beaucoup de choses que vous êtes incapables d'observer. Vous devez savoir qu'une simple présentation peut rejoindre les croyances et les postulats les plus profonds d'un prospect – à propos de sa place dans le monde, de ses habiletés personnelles, ou de l'attitude des autres à son égard. Certaines de ces croyances seront négatives, et un grand nombre d'entre elles seront strictement personnelles. Vous ne vous apercevrez pas que vous y avez touché, et lui-même n'en sera peut-être pas pleinement conscient. Donc, lorsque quelqu'un vous dit « non », ne prenez pas la peine de vous demander *pourquoi*. Il suffit de ne pas vous sentir personnellement visé et d'aller de l'avant. Ne tentez pas d'analyser votre interlocuteur ou de le convaincre de se joindre à votre équipe. Et ne lui dites *jamais* qu'il devrait avoir honte de décliner votre offre. Laissez tomber – et passez au suivant.

Une multitude de raisons peuvent expliquer pourquoi les gens ne saisissent pas l'occasion que vous leur offrez. Certaines d'entre elles sont peu rationnelles, certaines sont légitimes, certaines sont ridicules, et certaines sont tout simplement tristes.

Donc, lorsque les gens ne vous disent pas « oui », ne vous laissez pas abattre. Ne tentez pas de les persuader. Ne tentez pas de trouver un sens plus profond à leur manque d'intérêt. Gardez votre rêve bien vivant dans votre esprit, restez concentré et déterminé, et préparez-vous à présenter votre entreprise à un autre prospect.

RAISONS POUR LESQUELLES LES GENS DISENT « NON » À CETTE INDUSTRIE QUI POURRAIT TRANSFORMER LEUR VIE

- Ils n'ont pas de rêve.
- Ils ont déjà réalisé leur rêve.
- Ils n'ont pas d'espoir.
- Ils n'ont pas d'énergie.
- Ils n'ont pas de temps.
- Ils ont déjà suffisamment de temps.
- Ils n'ont pas d'argent.
- Ils n'ont aucun besoin financier.
- Ils ne sont pas des entrepreneurs.
- Ils sont déjà des entrepreneurs.
- Ils n'ont pas confiance.
- Ils considèrent que ce serait s'abaisser.
- Ils ne comprennent pas l'effet de levier.
- Ils ont peur du changement.
- Ils aiment ce qu'ils font actuellement.
- Ils ont peur d'échouer.
- Ils ont peur du succès.
- Ils connaissent déjà le succès.
- Ils sont paresseux.
- Ils détestent prendre des risques.
- Ils doutent qu'on les prenne au sérieux.
- Ils craignent ce que diront les membres de leur famille ou leurs amis.

- Le moment est mal choisi.
- Ils vous aiment bien, mais ils ne veulent rien faire qui pourrait leur donner l'impression de travailler *pour* vous.
- Ils voient dans leur passé un indicateur de l'avenir et, par conséquent, concluent qu'ils ne réussiront jamais dans quelque domaine que ce soit, incluant le marketing relationnel.

Et si vous avez touché par inadvertance un point sensible, une préoccupation personnelle majeure, croyez-vous que votre prospect vous en parlera alors qu'il vous connaît à peine ? Bien sûr que non ! Il protégera sa vie privée et vous expliquera vaguement pourquoi il ne souhaite pas s'engager. Souvent, il soulèvera un prétendu problème lié à votre produit/service, votre entreprise ou l'industrie. Mais il ne s'agit là que d'un écran de fumée pour vous empêcher de voir « sous la surface », ou même de vous cacher à vous-même les vraies raisons de sa réticence. Respectez la vie privée des gens et continuez à préserver vos rêves.

GARDEZ LE SENS DES PROPORTIONS ET AMUSEZ-VOUS

Vous avez lu ce livre jusqu'ici, et je suppose donc que vous commencez à avoir une bonne idée de la valeur et du potentiel financier du marketing relationnel. Vous connaissez le pouvoir de notre industrie et ce que cela peut signifier pour vous et pour tous ceux qui développent une entreprise prospère en faisant partie de votre équipe. Certains d'entre nous, toutefois, considèrent les avantages de notre entreprise avec *tellement* de conviction que, par mégarde, nous allons trop loin dans nos suppositions. Voyez si vous pouvez vous identifier à l'une ou l'autre des situations suivantes dans lesquelles il arrive fréquemment que nous perdions le sens des proportions devant la force de notre passion :

« Tout le monde devrait faire ça ! »

Il est facile d'éprouver tellement d'enthousiasme pour notre industrie que nous nous comportons comme si tout le monde devrait entrer dans notre équipe. Bien qu'un tel emballement soit formidable, ne le transformez pas en une conviction profonde ! Ce n'est *pas* tout le monde qui est fait pour ça – et nous n'avons pas besoin que tout le monde le soit. Amusez-vous et rappelez-vous pourquoi vous ne voulez *pas* que tout le monde se joigne à votre équipe.

Par exemple, même si des professionnels affluent dans notre industrie, je préfère que certains d'entre eux conservent leur emploi actuel. Nous avons besoin de conseillers financiers pour nous guider dans l'investissement de notre revenu résiduel ; nous avons besoin de comptables pour nous aider en matière de fiscalité ; et nous avons besoin de médecins pour veiller sur notre santé afin que nous puissions profiter pleinement de notre succès.

Et il y a une autre bonne raison à ce que tout le monde ne vienne pas grossir nos rangs : dans notre industrie, la richesse n'est pas créée par un représentant qui recrute à lui seul un grand nombre d'individus ; elle se développe plutôt grâce au pouvoir de la croissance exponentielle. Il suffit donc que vous recrutiez quelques personnes qui, à leur tour, en recruteront quelques-unes qui répéteront le processus. Alors que l'immense pouvoir de la progression mathématique est déclenché, un flux continu de revenu résiduel qui n'a pas de limites s'amorce.

« Les gens qui tournent le dos à cette occasion sont des imbéciles. »

Vous avez peut-être déjà entendu ce quolibet : « Il n'est pas nécessaire d'être intelligent pour se lancer dans le marketing relationnel, mais il faut être stupide pour ne pas le faire ! » C'est une bonne blague, mais n'en faites pas votre mantra. Les gens ont souvent d'excellentes raisons de décliner notre offre. Ne jugez pas leur « non ». Acceptez-le tout simplement. Les prospects nous donnent la liberté de leur parler de notre entreprise et, en retour, nous devons leur laisser la liberté de réagir comme bon leur semble.

« Si quelqu'un me dit "non", alors j'ai échoué. »

Si quelqu'un vous dit « non », il ne s'agit pas du résultat d'un référendum sur vous ou votre entreprise. Nous ne sommes pas des vendeurs dont le but est de « conclure » une vente avec tout le monde. N'oubliez pas ceci :

- Nous sommes dans une industrie de partage, et non de vente.
- Nous sommes dans une industrie de présentation, et non de persuasion.
- Nous sommes dans une industrie où nous maîtrisons l'art du « montrer et dire ». Nous parlons de notre entreprise et racontons notre histoire : pourquoi nous nous sommes engagés, pourquoi nous sommes excités, comment cela fonctionne, et le genre de personnes que nous recherchons.

« Parler de mon entreprise à quelqu'un devient un concours ou une compétition. »

Avez-vous déjà entrepris une présentation dans le but d'expliquer clairement le fonctionnement de votre entreprise pour découvrir en cours de route que vous ne cherchiez qu'à « gagner » un échange verbal ? Cela m'est arrivé. Il est facile de s'engager dans de subtiles luttes pour le pouvoir avec les gens et d'oublier notre objectif initial. Lorsque cela se produit, notre stratégie change et nous tentons alors de les *convaincre* que nous avons eu raison de nous lancer dans l'industrie du marketing relationnel et qu'ils ont tort de ne pas le faire – nous sommes sages et ils sont bêtes. Si vous avez tendance à vous comporter ainsi pendant une présentation, rappelez-vous ceci :

- Vous voulez amorcer une *conversation* avec ce prospect, et non pas vous lancer dans une compétition.
- Vous voulez établir un *dialogue* avec ce prospect, et non vous lancer dans un débat.

- Votre but est de *présenter* votre entreprise, et non de déclencher une lutte pour le pouvoir.
- Vous ne voulez pas pousser un prospect à vous dire « oui ». En recrutant quelqu'un de cette manière, vous auriez probablement à le pousser constamment dans le dos par la suite.

COMMENT ACCEPTER UN « NON » SANS SE TROUBLER

Quelle est la meilleure façon d'accepter un « non » sans se troubler ? Les deux attitudes suivantes joueront un rôle vital dans toute entreprise de marketing relationnel :

Faites la distinction entre la responsabilité, la tâche et le désir

- Notre *responsabilité* est de toujours *exposer* de nouvelles personnes à notre entreprise.
- Notre *tâche* consiste à *expliquer* le fonctionnement de notre entreprise avec clarté, concision et honnêteté.
- Notre *désir* est de trouver *quelques* individus motivés qui dupliqueront nos efforts.

Une fois que vous avez présenté votre entreprise à quelqu'un, vous avez déjà réussi. Votre succès ne dépend pas de sa réponse.

Faites la distinction entre vos buts reliés aux activités et vos buts reliés aux résultats

On peut aisément confondre les buts reliés aux *activités* et les buts reliés aux *résultats*. Il est donc important de se rappeler qu'ils sont tout à fait différents et que cette méprise ne mène qu'au découragement. Les buts reliés aux activités sont les buts en ce qui a trait aux chiffres que vous fixez pour vous-même et pour votre équipe – ils incluent le nombre de nouveaux prospects à qui vous souhaitez présenter votre entreprise. Si votre but est de faire deux présentations par semaine et que vous le faites, alors vous avez atteint votre but – vous avez réussi.

Les buts liés aux résultats ont trait au nombre d'individus que vous aimeriez voir *réagir favorablement* à votre offre chaque semaine ou chaque mois. Vous ne pouvez exercer aucun contrôle sur votre taux de réussite et c'est pour cette raison qu'il est important de faire la distinction entre les deux types de buts. Lorsque vous le faites, il devient beaucoup plus facile de continuer à parler de votre entreprise, car vous savez que des résultats positifs finiront par couronner vos activités.

GARDEZ UN CŒUR LÉGER

La plupart d'entre nous aiment se trouver en compagnie de gens tels que Mike et Barbara Lammons. Ils sont suffisamment optimistes, gais et confiants pour se permettre d'être eux-mêmes. Apprenez à faire preuve de ces qualités dans vos présentations. Vous pouvez être très sérieux en ce qui a trait à votre entreprise tout en conservant une attitude détendue en en parlant à des prospects. Veillez à ce que votre enthousiasme ne se transforme pas en intensité accaparante. Les gens auront une réaction beaucoup plus positive envers vous *et* votre entreprise s'ils sentent que vous êtes calme, confiant et que vous vous plaisez à partager votre histoire avec eux.

Comment apprendre à être sérieux tout en gardant un cœur léger lorsque nous faisons une présentation ? En développant une « mentalité ludique », vous rendrez vos présentations plus agréables et vous vous libérerez du poids de l'inquiétude que pourrait vous inspirer le résultat de ces rencontres. Un moyen pratique d'y arriver est d'imaginer que vous jouez à « Où est Charlie ? »

Connaissez-vous ce livre illustré pour enfants ? Lorsque mes filles étaient petites, c'était l'un des livres que je préférais lire et regarder avec elles avant de les border pour la nuit. Dans ce livre, Charlie, le personnage principal, est présent dans chaque illustration – par exemple, il y a ce dessin d'une plage où s'entassent des centaines de personnes et la tâche du lecteur consiste à trouver Charlie parmi la foule. On se surprend à scruter l'image pour trouver Charlie. Un grand nombre de personnages sont déguisés comme lui, et au moment où vous croyez l'avoir trouvé, vous vous rendez compte que c'est quelqu'un d'autre qui lui *ressemble* et que ce n'est *pas* le vrai Charlie.

Et c'est ce que nous faisons dans notre industrie – nous jouons à « Où est Charlie ? » Nous scrutons la foule autour de nous et cherchons à déterminer avec qui nous pourrions travailler et rêver. Donc, lorsque quelqu'un vous dit « non », rappelez-vous que vous vous êtes tout simplement trompé de personnage. Dans l'intimité de votre esprit, vous pouvez vous amuser et dire des choses telles que : « Oh, pardon ! Je croyais que vous étiez Charlie, mais je me suis trompé » ou vous pouvez penser à la blague :

Oh, pardon ! Je croyais que vous étiez un entrepreneur, mais je me suis trompé.

Oh, pardon ! Je croyais que vous verriez le pouvoir du marketing relationnel, mais je me suis trompé.

Oh, pardon ! Je croyais que vous partageriez ma vision, mais je me suis trompé.

Oh, pardon ! Je croyais que vous pourriez faire partie de mon équipe, mais je me suis trompé.

Oh, pardon ! Je vous ai confondu avec quelqu'un que je cherchais. Je suis désolé. Je vous souhaite une excellente journée.

Apprenez à garder le cœur léger tout en étant sérieux ! Sachez apprécier le voyage qui mène au succès. Il n'est pas nécessaire d'attendre d'être « arrivé » à destination pour manifester votre joie. Amusez-vous et apprenez à rire de ces moments où vous étiez certain d'avoir trouvé « Charlie » alors qu'il s'agissait de quelqu'un d'autre.

UN « OUI » EST BON, MAIS UN « NON » EST ÉGALEMENT BIEN

Lorsque vous parlez de votre entreprise à un prospect, ne soyez pas comme le serveur qui s'identifie à outrance à son travail. Apprenez à apprécier les moments où les gens vous disent « oui », mais aussi ceux où ils vous disent « non ». Si vous et les membres de votre équipe exposez continuellement de nouveaux prospects à votre entreprise, alors il est inévitable qu'un flux continu de revenu résiduel soit éventuellement généré –

peu importe le nombre de gens qui diront « non » à l'occasion que vous leur offrez. Continuez à rêver. Continuez à parler de votre entreprise, et gardez un cœur léger. Nous ne faisons que chercher Charlie.

CHAPITRE 7

LA PEUR : FAITES-EN VOTRE AMIE

Vous rappelez-vous avoir joué à « cache-cache » ? Enfant, j'aimais y jouer avec des amis pendant les chaudes soirées d'été, et ensuite avec mes propres enfants. Vous connaissez les règles du jeu : les yeux fermés, l'un des joueurs compte à voix haute jusqu'à un chiffre prédéterminé pendant que les autres courent se cacher. Lorsque le décompte est terminé, il crie : « Prêts, pas prêts, j'y vais ! », et il se lance à la recherche de ses camarades.

Lorsque nous jouions à ce jeu, la plupart d'entre nous voulions nous cacher dans un endroit qui serait extrêmement difficile à trouver – il était excitant de penser que nous avions la cachette idéale. Mais vous est-il déjà arrivé de trouver une cachette parfaite que personne n'arrivait à découvrir ? Qu'avez-vous fait après quelques minutes ? Vous avez probablement commencé à lancer des appels, à faire du bruit, à siffler ou à lancer des objets. Pourquoi ? Parce que votre cachette était si bonne qu'elle était ennuyeuse ! Vous vouliez ramener un peu d'excitation dans le jeu.

J'estime que beaucoup d'adultes jouent encore à cache-cache, surtout lorsqu'il s'agit de leur carrière. Ils cherchent un endroit sécuritaire et ils s'y cachent. Avec le temps, certains d'entre eux comprennent que leur cachette est tellement bien dissimulée qu'elle en est devenue ennuyeuse. Elle n'offre pas d'excitation, et il y a peu de chances qu'on les découvre, leur offre des possibilités de développement, leur permette d'exploiter pleinement leur potentiel, les mette au défi ou les récompense. Et à un moment donné, ils doivent décider s'ils veulent rester à l'abri ou faire du bruit, attirer l'attention et revenir dans le jeu de la vie où le risque, la peur, l'enthousiasme et le succès sont au rendez-vous.

« Le marketing relationnel est un lieu de rassemblement pour les individus qui ne veulent pas passer leur vie à se cacher. »

Le marketing relationnel est un lieu de rassemblement pour les individus qui ne veulent pas passer leur vie à se cacher. Il attire des gens qui souhaitent prendre quelques risques et goûter au succès. La prochaine fois que quelqu'un se joindra à votre équipe, prenez le temps d'admirer ce qui se passe vraiment. Cette personne ne fait pas que devenir membre de votre lignée descendante et de votre entreprise ; elle fait une déclaration audacieuse et courageuse qui mérite le respect. Les nouveaux représentants requièrent toute notre aide pendant qu'ils font les premiers pas de ce voyage qui pourra merveilleusement transformer leur vie.

Pour aider les autres (et vous aider) à arriver à bon port, il est utile de comprendre ce à quoi nous serons tous confrontés : la peur. La peur est quelque chose que nous devons accueillir favorablement, et non pas éviter ; nous devons en faire une amie. Pour y parvenir, nous devons comprendre le pouvoir de la peur, comment elle s'empare de nous et, plus important encore, comment la minimiser de manière à en faire une présence appropriée dans notre vie plutôt qu'une force dominante. Dans ce chapitre, je vous exposerai ce qu'est la peur et en quoi elle nous influence tous. Dans le chapitre suivant, je vous expliquerai comment on peut apprendre à la gérer efficacement. (Veuillez noter que je ne m'attarderai ici qu'à la peur telle qu'elle se manifeste dans notre industrie. Les traumatismes et la terreur se situent de toute évidence à une autre échelle et il ne serait pas pertinent d'en discuter ici.)

COMPRENDRE LA PEUR

Qu'est-ce que la peur ? D'un point de vue psychologique, la peur est un état émotionnel. C'est un système d'alarme naturel qui nous avise du danger et qui déclenche la réaction bien connue que l'on appelle le « réflexe de lutte ou de fuite ». La peur est un volet extrêmement important de l'instinct de survie et son unique but est de nous protéger.

Au cours de notre vie, bien entendu, la peur peut aussi bien être une bénédiction qu'une malédiction – toujours bien intentionnée, mais pas toujours utile. Dans certains cas, elle peut littéralement nous sauver la vie ; dans d'autres, elle peut nous empêcher de vivre pleinement. Lorsque la peur joue un trop grand rôle, elle peut être aussi débilitante que la polio et aussi mortelle que le cancer. Elle peut paralyser et écraser. Une mauvaise connaissance de la peur a coûté leurs rêves à quelques entrepreneurs de notre industrie et les a empêchés de réaliser pleinement leur potentiel.

Il est important de comprendre que la peur n'apparaît pas comme par magie. Nous devons garder deux choses à l'esprit en ce qui a trait à la peur :

La peur est généralement une réaction acquise

Il y a peu de choses dont les êtres humains ont instinctivement peur. La plupart de nos peurs sont des réactions comportementales que nous avons apprises des autres grâce à l'imitation ou à l'éducation – et tout ce que nous avons appris peut être « désappris ». Par exemple, en tant que mentor auprès de cadres supérieurs, j'aide des adultes à se débarrasser de peurs irrationnelles, malsaines, contreproductives ou tout simplement ridicules. C'est une étape de « désapprentissage ». Mais, en tant que parent, je passe du temps à enseigner à des adolescentes téméraires qu'il y a certaines choses dans la vie dont elles *devraient* vraiment avoir peur.

Qu'avez-vous appris des autres à propos de la peur ? Les gens qui vous ont influencé dans la vie étaient-ils des modèles d'audace, de confiance, de détermination ou de toute autre disposition positive ? Ou ont-ils affiché une attitude qui vous a laissé incertain quant à votre capacité de faire face au vaste monde ? Bien qu'il soit important d'être conscient de ce que les autres vous ont légué, ça l'est encore plus de savoir que vous pouvez transcender cet héritage. Rien n'est perdu.

Une pensée ou une croyance sous-jacente accompagne toujours la peur

L'émotion qu'est la peur est toujours liée à une pensée, à une perception ou à une croyance qui, soyez-en conscient, peut être fausse. Il suffit qu'elle soit présente et non repoussée pour avoir un impact. Cela signifie que la peur est souvent déclenchée par des observations et des interprétations erronées. Le résultat ? Une « fausse alerte ». Vous rappelez-vous, enfant, avoir pensé qu'il y avait un monstre sous votre lit ? C'était une fausse alerte. C'est la même chose lorsqu'un avertisseur de fumée se déclenche et qu'il n'y a pas d'incendie. Lorsqu'il y a *perception* d'incendie, tout se met en branle : l'alarme retentit, les gens évacuent les lieux, les pompiers arrivent, et tout cela à cause d'une fausse alerte.

Lorsqu'un sentiment de peur résulte d'une fausse alerte, il déclenche un certain nombre de réactions physiologiques : production d'adrénaline, accélération de la respiration et du rythme cardiaque, préparation de la musculature pour « la lutte ou la fuite ». Les fausses alertes sont épuisantes. Elles nous enlèvent toute joie, drainent notre énergie et nous font vieillir prématurément. Dans l'univers du marketing relationnel, les fausses alertes font en sorte que certains individus courent se cacher, fuient leurs rêves, abandonnent leurs espoirs et renoncent à la liberté financière. Nous examinerons bientôt cette conséquence plus en détail alors que nous nous pencherons sur les façons dont la peur influe sur notre vie.

L'IMPACT DE LA PEUR

Il n'est pas rare que des étudiants universitaires qui s'efforcent d'acquérir une « connaissance de soi » envisagent la possibilité de faire des études en psychologie ; bien que la plupart d'entre eux changent d'avis (ils se rendent compte que la matière est ennuyeuse et que les gens sont bizarres !), cette brève incursion dans le domaine les expose à un concept très puissant : c'est l'*approche/évitement*. Ce concept est extrêmement utile si l'on veut comprendre comment la peur influe sur nos décisions et notre comportement – parfois même à notre insu – et il a une réelle pertinence dans le monde entrepreneurial du marketing relationnel. Sous sa forme la plus simple, l'approche/évitement est tout simplement ce que les mots laissent entendre. C'est le désir d'approcher quelque chose et de l'éviter simultanément. C'est le sentiment d'être tiré dans deux directions à la fois. Nous exprimons cet état d'esprit lorsque nous disons que nous sommes déchirés, coincés entre l'arbre et l'écorce, pris dans un dilemme ou incapables de prendre une décision. L'approche/évitement est comme conduire une voiture en voulant enclencher simultanément la première vitesse et la marche arrière.

Cela se produit chaque jour dans notre industrie. Vous êtes-vous déjà senti déchiré à l'idée de faire un appel téléphonique ? Ou de communiquer avec un prospect qui vous intimide, mais qui pourrait remporter un énorme succès dans votre entreprise ? Ou d'effectuer un suivi pour savoir si quelqu'un à qui vous avez présenté votre entreprise a décidé d'adhérer à votre équipe ? Ce sentiment d'ambivalence est révélateur de l'approche/évitement.

Dans la vie de tous les jours, ce concept a des conséquences profondes. Permettez-moi de vous donner un exemple et puis de vous démontrer comment nous pouvons établir un lien avec la poursuite de nos rêves dans l'univers du marketing relationnel :

Joe : Joe est l'un de mes bons amis. Il y a plusieurs années, j'ai été témoin de la relation mouvementée qu'il entretenait avec sa petite amie. Il n'arrivait pas à décider s'il devait l'épouser. Un jour, il ne pouvait imaginer vivre sans elle et il était prêt à faire le grand saut. Et puis, alors que l'idée du mariage se précisait, il perdait soudain tout intérêt, il avait des doutes et il reculait.

Pour moi, en tant qu'observateur, c'était comme regarder Joe en train de conduire une voiture. Lorsque le mariage miroitait au loin, il lui paraissait extrêmement attrayant. Métaphoriquement parlant, il sautait dans sa voiture, embrayait et appuyait sur l'accélérateur. Il était impatient d'arriver à destination (son mariage). Il pouvait rouler à 65, 80, 95 et 110 km/h. Mais à mesure que le jour de l'engagement approchait, Joe avait de plus en plus peur – il levait le pied, freinait et ralentissait. Finalement, il s'immobilisait complètement, enclenchait la marche arrière et reculait jusqu'à ce que le mariage ne miroite plus à l'horizon. Sa peur s'estompait alors, il se sentait mieux, et puis il se disait que, finalement, il *voulait* épouser cette femme, et le cycle recommençait.

Sans le savoir, Joe était prisonnier de l'approche/évitement. Son comportement découlait de deux émotions divergentes : le désir et la peur. Examinez le graphique ci-dessous :

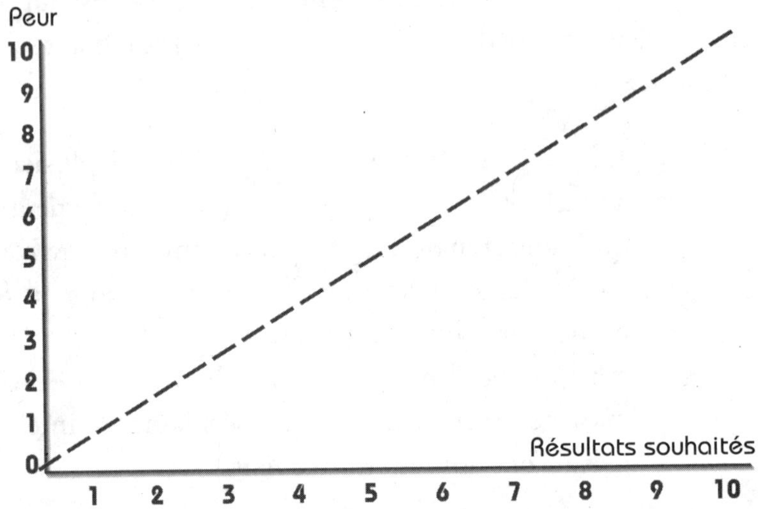

Notez que la peur va de pair avec le processus qui consiste à atteindre un but. Plus nous nous en approchons, plus la peur devient intense. Et si nous bifurquons, la peur diminue.

De nombreux individus qui évoluent dans l'univers du marketing relationnel adoptent ce type de comportement. Faisons maintenant la connaissance de Brad et de son entreprise :

Brad : Brad adorait la perspective d'être financièrement libre un jour. Il avait toujours rêvé d'être son propre patron, d'avoir du temps libre, des ressources financières largement suffisantes et aucune obligation de faire un compte rendu quotidien à un employeur. Réalisant que le marketing relationnel était le véhicule parfait pour obtenir tout ça, il est monté à bord, prêt à conduire son entreprise vers la concrétisation de ses rêves. Comme Joe, il est monté en voiture, a embrayé et a appuyé sur l'accélérateur. Il avait le sentiment de ne jamais avancer assez vite à mesure qu'il découvrait le pouvoir de la croissance exponentielle et du revenu résiduel. Il a rempli le formulaire d'engagement, a assisté aux séances de formation et il a acheté sa trousse de départ. Les vitres baissées et le volume de la radio à fond, Brad a commencé à foncer vers son but en chantant à pleins poumons. La vie ne lui avait jamais paru aussi belle.

Plus loin sur la route, toutefois, Brad a réalisé que pour réussir, il lui faudrait faire certaines choses qui le mettaient mal à l'aise. Il a pris conscience qu'il devrait communiquer avec des gens, faire des appels téléphoniques et parler de son entreprise. Il devrait travailler dur, faire preuve de persévérance et rencontrer d'innombrables individus qui ignoraient tout de la joie qu'apporte l'entrepreneuriat dans l'univers du marketing relationnel. Alors que Brad commençait à comprendre ces réalités, il a fait comme Joe avant lui : il a levé le pied, a ralenti, s'est immobilisé et a reculé. Lorsque l'inconfort s'est estompé, il a recommencé à assister aux réunions et à lire des livres, et il s'est préparé à reprendre la route. Finalement, Brad est devenu l'un de ceux qui « traînent dans le décor ». Il n'abandonne jamais tout à fait, mais il ne fait pas grand-chose. Il s'est perdu dans le sombre royaume où vivent ceux qui veulent s'accrocher à leurs rêves tout en ne faisant rien qui soit une source d'anxiété.

Cela vous semble familier ? Pourquoi cela se produit-il dans l'industrie du marketing relationnel ? Un individu peut-il caresser un rêve intensément, et puis ne rien faire ensuite ? Comment quelqu'un peut-il avoir l'intention de faire un appel téléphonique, d'organiser une réunion cruciale ou d'aborder le sujet de son entreprise avec un ami, et puis soudain se dégonfler ? Pourquoi les gens évitent-ils de faire les choses qu'ils veulent faire et qu'ils savent tributaires de leur succès ? Parce que le *désir d'éviter la peur peut occulter les rêves et les buts.*

Vous est-il déjà arrivé de rouler très vite sur une autoroute achalandée et de voir quelqu'un traverser soudain plusieurs voies et s'arrêter brusquement ? En pratique, c'est ce que fait la peur – elle pousse les gens à cesser du jour au lendemain à poursuivre leurs rêves et leurs buts.

Les gens se retirent ainsi sans crier gare parce qu'ils ignorent comment gérer la peur, l'anxiété et l'inconfort. Lorsqu'un certain inconfort s'installe, leur but et leurs désirs *se transforment littéralement.* Leur but n'est plus de développer une entreprise de marketing relationnel prospère, de devenir riche ou d'assurer leur avenir financier ; non, leur nouveau but, et sur le moment leur *unique* but, est de se débarrasser du sentiment d'inconfort qui s'est emparé d'eux. Ils veulent qu'il disparaisse ! Et tant que ce n'est pas fait, ils n'ont pas d'autres priorités, passions ou quêtes. Le soulagement est leur seul objectif. Tel est le pouvoir de la peur lorsque nous ne la comprenons pas et que nous ne la gérons pas adéquatement. Et ceci nous ramène à la façon dont les « fausses alertes » influent sur notre entreprise.

Comment les croyances erronées déclenchent de fausses alertes

Avez-vous déjà tenté de téléphoner à quelqu'un à qui vous n'aviez pas parlé depuis longtemps et entendu le message suivant : « Le numéro composé n'est pas en service » ou « Ce numéro a été remplacé par le… » ?

C'est ce qui arrive lorsque nous tentons de joindre quelqu'un en nous fondant sur des renseignements qui ne sont plus exacts. Le numéro de téléphone était correct à l'époque, mais il ne l'est plus. Et la plupart des gens mettent alors tout simplement leur base de données à jour en y inscrivant le nouveau numéro. Ce n'est pas sorcier.

> **« Le désir d'éviter la peur peut occulter les rêves et les buts. »**

Nous devons faire la même chose avec notre esprit lorsqu'il s'agit de la peur. Tout comme plusieurs d'entre nous mettent à jour notre carnet d'adresses, notre ordinateur, nos logiciels et nos fichiers, nous devons mettre à jour le bloc mémoire et la base de données de notre esprit. Ce dernier doit être périodiquement mis à niveau et nettoyé. Malheureusement, nous ne sommes pas nombreux à avoir appris à le faire, et de multiples adultes traversent la vie en se basant sur des informations qui sont très anciennes ou obsolètes, et qui n'ont peut-être jamais été exactes au départ.

C'était le problème de mon ami Joe qui avait peur du mariage. Après avoir été le témoin de plusieurs cycles d'approche/évitement, je l'ai invité à boire un café en ma compagnie. J'étais curieux de savoir si de vieilles informations le poussaient à fuir l'autel.

Tout d'abord, Joe n'avait aucune *idée* de ce qui expliquait son comportement. Il savait seulement qu'il reculait chaque fois qu'il devenait mal à l'aise. Son but était tout simplement de se débarrasser de la peur et de l'inconfort. Il n'avait jamais tenté de *comprendre* cette peur. Il ignorait d'où elle venait ou à quelles croyances elle était liée. Pour Joe, c'était une émotion qui surgissait de nulle part et puis disparaissait lorsqu'il faisait demi-tour.

Tout en discutant, Joe et moi avons cessé de regarder le « flotteur à la surface de l'eau » pour tenter de découvrir ce qui se passait au « niveau de l'hameçon ». Joe m'a raconté son histoire. Enfant, Joe croyait faire partie d'une famille heureuse et unie, mais ses parents lui ont annoncé qu'ils allaient divorcer alors qu'il avait cinq ans. Ce jour-là, le jeune monde jusque-là sécuritaire de Joe a éclaté, et son cerveau a enregistré une information très importante dans sa base de données. Cette information certifiait que le mariage était terrifiant parce que, comme de la poudre à fusil, il pouvait exploser n'importe quand. Cela est devenu une croyance fondamentale. Le mariage était risqué, irrationnel et devait être évité à tout prix, quel que soit l'amour que l'on ressent pour quelqu'un. Pendant de nombreuses années, cette croyance est restée latente en Joe et elle ne s'est manifestée que lorsqu'il est tombé amoureux. Elle a tenté de donner un bon conseil à Joe dans l'unique but de l'empêcher de souffrir, mais ce conseil était archaïque et n'était donc plus pertinent. (C'est pourquoi je dis que la peur veut toujours bien faire, mais qu'elle n'est pas toujours utile.)

Pendant que Joe et moi bavardions, il a commencé à comprendre sa peur et il a admis qu'il était parfaitement justifié qu'il ait eu peur à l'âge de cinq ans. Il a également admis qu'il n'était plus nécessaire de considérer le mariage du point de vue d'un enfant. Il a reconnu que rien ne l'obligeait à reproduire les erreurs de ses parents. Plus important encore, Joe a accepté de mettre à jour sa base de données concernant le mariage. Lorsqu'il a eu « désappris » certaines vieilles croyances et qu'il en a installé de nouvelles, il a été capable de traverser les zones d'inconfort. Aujourd'hui, Joe a ce qui ne peut être décrit que par un mariage et une famille extraordinaires.

Qu'en est-il de vous ?

Serait-il temps de procéder à un grand ménage du printemps dans votre tête ? Quand avez-vous jeté un coup d'œil aux fichiers que vous avez accumulés au fil des ans ? Beaucoup de gens sont étonnés de découvrir qu'ils limitent leur habileté à croire en leur propre succès à cause d'expériences ou de perceptions anciennes qui ont exercé un trop grand contrôle sur leur vie et pendant trop longtemps. Ces vieilles croyances ne cessent de déclencher de fausses alertes qui sont réellement coûteuses.

La peur peut avoir différentes intensités

Il est utile de se rappeler que la peur n'est qu'une émotion. Le diagramme ci-dessous illustre les divers degrés d'intensité avec laquelle elle peut être exprimée :

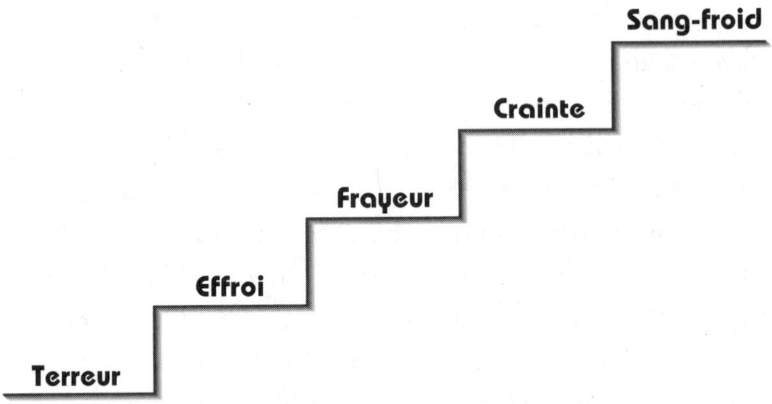

Les gens font parfois l'erreur de tenter d'orchestrer leur vie de manière à ce qu'elle soit exempte de *tout* inconfort. Dès qu'ils éprouvent la moindre anxiété ou peur, ils s'éloignent de ce qui la cause. Lorsque cela devient un schème de comportement, ils fuient toutes les occasions de croissance et de réussite quand leur seuil d'inconfort arbitraire est atteint. Ceci est une stratégie très coûteuse.

Une partie de cache-cache est un excellent jeu pour les enfants, mais en tant qu'adultes, nous devons être certains que la peur ne nous a pas poussés à rester cachés trop longtemps. Il est peut-être temps que vous commenciez à examiner le volet « recherche » de votre vie. Il est peut-être temps que vous vous leviez et que vous fassiez un peu de bruit, de manière à être découverte en tant qu'une personne ayant de la vision, du talent et du dynamisme. Il est peut-être temps de prendre les rênes de votre entreprise, d'atteindre vos buts et d'accéder à la liberté financière. Pour y arriver, il suffit que vous appreniez à gérer efficacement la peur. Nous apprendrons à le faire dans le prochain chapitre.

Chapitre 8

LA PEUR : GÉREZ-LA COMME UN PRO

Avez-vous vu *Le Magicien d'Oz* ? C'est un film qui mérite son statut de classique intemporel. Vous rappelez-vous ce qui arrive à la fin lorsque Dorothée et ses amis rencontrent enfin le Magicien ? Au début, sa voix tonitruante et désincarnée les effraie. Et lorsque, avec une certaine appréhension, ils avouent ne pas être de son avis, sa voix devient encore plus forte et menaçante. Il est vexé parce que quelqu'un ose s'opposer au « grand et puissant magicien d'Oz ». Dorothée et ses amis sont terrorisés par cette voix, mais Toto, le chien de Dorothée, se précipite vers la source du bruit et tire un rideau pour révéler un homme petit et charmant, loin d'être aussi terrifiant qu'ils l'avaient cru.

La peur ressemble beaucoup au magicien d'Oz. Si nous ne la confrontons pas, elle peut sembler incroyablement puissante, mais lorsque nous tirons le rideau et la voyons sous son vrai jour, nous découvrons qu'elle n'est pas la force aussi imposante que nous avions imaginée. Nous n'avons plus besoin de l'éviter ou de la fuir.

Les véritables entrepreneurs comprennent que le courage n'est pas l'*absence* de peur. En fait, la peur est la compagne discrète et constante de *tous* les entrepreneurs qui font leurs premiers pas vers la concrétisation de leurs rêves. Le courage est l'habileté d'aller de l'avant en *présenc*e de la peur. Les entrepreneurs qui réussissent connaissent bien la peur, l'anxiété et le doute – mais ils ont appris à donner moins de pouvoir et d'influence à la peur dans leur vie.

> ***« Le courage est l'habileté d'aller de l'avant en présence de la peur. »***

Récemment, j'ai déjeuné avec Paul, 38 ans, marié et père de 3 jeunes enfants, qui vient d'accepter le poste de président et directeur général d'une nouvelle société Internet. L'entreprise n'est composée que de quelques employés, d'une idée technologique qui n'a pas encore été développée, et d'un petit capital de départ. Il ne reste qu'à trouver de bons dirigeants, techniciens et spécialistes de l'investissement, à créer et à tester un produit, à le perfectionner et à le mettre en marché, à rentabiliser l'entreprise, à courtiser des investisseurs en capital de risque, à rassembler plusieurs millions de dollars, à préparer un premier appel public à l'épargne, et puis à continuer d'assurer la croissance de l'entreprise tout en trouvant de nouvelles occasions de maintenir la valeur de l'action. C'est simple comme bonjour.

Avant d'accepter ce poste, Paul était le président d'une société bien établie qui affichait d'excellents résultats, et il n'était qu'à deux mois d'être pleinement admissible à son régime de retraite. Il a tout laissé, incluant un salaire nettement supérieur à 400 000 $ par année – pour toucher une fraction de cette somme et veiller à la croissance de cette nouvelle entreprise. Croyez-vous que Paul ne connaît pas la peur, qu'elle n'est pas toujours présente ? Comptez là-dessus – il la connaît. Mais il ne lui permet pas de s'ingérer indûment dans sa vie.

Nous devons faire la même chose. Il y a des habiletés et des attitudes qui sont propres à tous les entrepreneurs qui ont appris à bien gérer la peur et que nous pouvons imiter. En gardant ceci à l'esprit, vous découvrirez que la quête du succès est ainsi beaucoup plus facile. Vous pouvez apprendre à faire taire la petite voix de la peur, à en faire votre amie, et puis à poursuivre votre route vers la concrétisation de vos rêves.

SECRET N° 1 : APPRENEZ À FAIRE BON ACCUEIL À LA PEUR

Apprenez à être reconnaissant pour la présence de la peur. La peur peut être une indicatrice de choses merveilleuses. Elle est souvent le signe que nous avons une relation riche et active avec la vie ; elle nous rappelle que nous sommes vivants ! Elle est la preuve que nous grandissons, que nous visons plus haut, que nous repoussons les limites de nos habiletés. Bien réagir à la peur nous permet de développer nos compétences, notre caractère et nos habiletés. Lui faire bon accueil nous permet d'agrandir le territoire de notre quotidien – et ce bon accueil qui est fait à la peur est le précurseur du succès dans l'univers du marketing relationnel.

Certains individus consacrent un temps fou à tenter de tenir la peur en échec. C'est comme s'ils essayaient de construire autour d'eux un mur qui maintiendrait la peur et l'inconfort à distance respectable. Ils s'efforcent d'avoir une vie organisée, structurée et sécuritaire, et ils ne s'aventurent jamais à l'extérieur du périmètre du monde qu'ils connaissent. Si quelque chose ne semble pas sûr, familier et facile à faire, ils l'évitent. Les individus qui organisent leur vie autour de la sécurité ont souvent une mauvaise surprise lorsqu'ils se rendent compte que ce mur qu'ils ont construit pour se protéger est en fait une prison. Ce mur n'a pas empêché la peur d'entrer dans leur vie ; il les a empêchés de vivre.

Apprenez à affronter la peur. Déterminez ce qui vous rend anxieux relativement à la poursuite de vos rêves et à la croissance de votre entreprise. Rappelez-vous que tous les gens qui réussissent connaissent bien la peur. Ils savent ce que c'est que d'avoir peur et de foncer tout de même ; d'être effrayés et de ne pas se figer sur place ; d'être mal à l'aise, mais de ne pas se laisser démonter. Si vous voulez les rejoindre dans le cercle des gagnants, vous devez vous aussi faire bon accueil à la peur et comprendre qu'elle fait naturellement partie de la vie.

SECRET N° 2 : RAPPELEZ-VOUS QUE VOUS ÊTES ENTOURÉ DE MANIFESTATIONS DE COURAGE

Lorsque nous sommes submergés par la peur, le doute ou l'anxiété, il est facile d'être obnubilés par notre inconfort et d'oublier de remarquer que nous sommes entourés de manifestations d'un courage tranquille. En voici quelques exemples que j'admire :

- Au début de chaque année scolaire, nous sommes entourés de ce courage tranquille. Pensez à ces élèves de maternelle qui prennent le bus pour la première fois. Ils se demandent comment ils trouveront le bon véhicule à la fin de la journée et à quel arrêt ils devront descendre. Songez à ces élèves qui commencent leurs études secondaires et qui se demandent s'il est vrai que leurs camarades plus âgés les obligeront à pousser une pièce de monnaie avec leur nez le long d'un corridor. Prêtez attention à ces étudiants qui entrent à l'université et qui embrassent leurs parents avant de quitter la maison et de prendre leur envol. Ce sont tous des modèles de courage tranquille qui apparaissent dans le sillage d'une manifestation de peur tranquille.
- Et ces nouveaux diplômés qui se rendent à leur premier entretien d'embauche ? Et ces individus qui posent leur candidature à un poste après avoir passé de longues années loin du marché du travail ? Et ceux qui viennent de perdre leur emploi à cause d'une réduction des effectifs, d'une fusion, etc., et qui doivent trouver autre chose ? Et ceux qui ont essuyé des dizaines de refus, mais qui ont tout de même persévéré ? Courage tranquille.
- Et ces individus qui ne connaissent pas le pouvoir du marketing relationnel et qui, par conséquent, vont travailler chaque jour à contrecœur ? Leur patron abuse de ses pouvoirs, leur travail est monotone, mais ils se lèvent chaque matin parce qu'ils se sont engagés à subvenir aux besoins de leur famille du mieux qu'ils le peuvent. Courage tranquille.

- Et ces couples malheureux qui restent mariés pour éviter le traumatisme d'un divorce à leurs enfants ? Amour noble. Courage tranquille.
- Et ceux qui décident finalement de quitter un conjoint violent ? Courage tranquille.
- Et les milliers de gens qui évoluent dans l'univers du marketing relationnel et qui, chaque jour, font un appel téléphonique supplémentaire, organisent une réunion de plus et encouragent un membre de leur lignée descendante même s'ils sont épuisés ? Héros méconnus. Courage tranquille.

La prochaine fois que vous sentirez un certain inconfort en tentant de poursuivre vos rêves, regardez autour de vous. Vous êtes chaque jour entouré de gens qui font preuve de noblesse de caractère, de grand amour et de courage tranquille. Venez grossir leurs rangs.

SECRET N° 3 : VISEZ L'EXCELLENCE, NON LA PERFECTION

Certains individus s'enlisent lorsqu'il s'agit d'assurer la croissance de leur entreprise parce qu'ils confondent excellence et perfection. Sachez qu'il y a une différence significative entre ces deux termes – la poursuite de l'excellence est un but ; la poursuite de la perfection est une malédiction.

Un nombre surprenant de gens ont adopté la croyance selon laquelle ils *doivent* faire parfaitement les choses. Cette approche de la vie fondée sur la méthode d'évaluation réussite/échec est dangereuse. (Il existe une telle méthode d'évaluation dans le monde de l'éducation – sans « A, B, C, D ou F ».)

> **« La poursuite de l'excellence est un but. La poursuite de la perfection est une malédiction. »**

Cette façon d'aborder la vie est généralement apprise à un jeune âge, inculquée par une figure d'autorité qui avait le chic pour critiquer au lieu de féliciter. Par exemple, imaginez un enfant qui apprend à nettoyer la cuisine. Après le repas, il s'attelle à cette tâche du mieux qu'il peut. Lorsqu'il a terminé, il est fier de lui et impatient de montrer le fruit de son travail à ses parents. Que se passe-t-il si, au lieu de féliciter l'enfant pour les 10 choses qu'il a bien faites, les parents le grondent parce qu'il a mal plié une serviette ? Si ces reproches reviennent régulièrement, l'enfant n'apprend pas à poursuivre l'excellence et à jouir de la satisfaction qui l'accompagne ; il apprend plutôt à poursuivre la perfection afin de ne pas se sentir nul.

Les perfectionnistes qui voient le monde comme un système d'évaluation réussite/échec finissent généralement par s'avouer eux-mêmes vaincus. Parlez avec eux peu après qu'ils ont accompli quelque chose avec brio ; ils vous diront que « ce n'est pas aussi bien qu'il le semble » ou qu'ils ont eu « de la chance ». Dans un cas comme dans l'autre, ils ne se sentent pas autorisés à savourer leur réussite. De plus, le désir de faire parfaitement les choses les ralentit parce qu'ils passent trop de temps à s'inquiéter, à planifier et à craindre un contretemps avant même de faire leurs premiers pas comme entrepreneurs.

Si vous ou l'un des membres de votre équipe êtes pris au piège du perfectionnisme, prêtez une attention particulière au prochain secret.

SECRET N° 4 : DONNEZ-VOUS LA PERMISSION D'APPRENDRE ET DE FAIRE DES ERREURS

Avez-vous déjà regardé un tournoi de golf à la télévision? J'avais toujours détesté le golf. Le jeu m'apparaissait ridiculement simple et ennuyeux. En quoi était-ce donc difficile de se tenir debout sur le terrain et de frapper sur une balle avec un club? Et puis, j'ai essayé d'y jouer et j'ai découvert que c'était beaucoup plus complexe que je ne le croyais. Le marketing relationnel est comme ça. Il semble si facile. On croit qu'il suffit de s'engager, de trouver quelques personnes pour constituer notre équipe, de répéter le processus, et de vivre heureux jusqu'à la fin de ses jours, n'est-ce pas?

Faux! Comme le golf, le marketing relationnel est d'une simplicité désarmante tout comme, parfois, d'une complexité exaspérante. Il est loin d'être uniquement ce qu'il semble être et il nécessite une courbe d'apprentissage significative. Vous devez vous donner la permission de faire des erreurs et d'essuyer des échecs spectaculaires sur la voie qui mène au succès.

C'est un art que d'apprendre à écouter un prospect, de savoir quand parler de notre entreprise et comment établir un lien entre elle et la situation personnelle de notre interlocuteur. C'est un art que d'apprendre à se taire et de cesser de « georgebusher » sur tous nos prospects. C'est un art que d'apprendre à aider les membres de notre équipe – et nous-mêmes – à entretenir détermination et motivation. C'est un art que d'apprendre à penser et à travailler comme un entrepreneur. C'est un art que d'apprendre à diriger des gens sur qui vous n'exercez aucune autorité formelle. C'est un art que de rêver et d'enseigner aux autres à faire de même. Il faut du temps pour développer toutes ces habiletés, et le fait de le savoir peut apporter un certain soulagement. Donnez-vous le temps de cultiver les habiletés dont vous avez besoin pour réussir.

Il a été dit : « Avant qu'une entreprise soit grande, elle doit être bonne. Avant qu'une entreprise soit bonne, elle doit être mauvaise. Et avant qu'une entreprise soit mauvaise, elle doit être créée. » Ceci est également vrai pour vous et moi dans la poursuite de nos rêves. Nous ne pouvons pas être grands avant d'être bons. Nous ne pouvons pas être bons avant d'être mauvais. Et nous ne pouvons pas être mauvais dans la gestion de notre entreprise avant de l'avoir créée !

Ne pensez pas que vous pouvez et devez être excellent à vos débuts dans l'industrie. Comme le dit Les Brown : « Il n'est pas nécessaire d'être grand avant de pouvoir se lancer en affaires, mais vous devez vous lancer en affaires avant de pouvoir être grand. » Soyez patient avec vous-même et les autres pendant que vous acquérez les habiletés nécessaires au succès. Tous les grands entrepreneurs ont connu des échecs, grands et petits, avant de goûter au succès. N'ayez pas peur de faire des erreurs – acceptez-les. Gardez le cœur léger, continuez d'apprendre, et continuez de travailler. Comme l'une des entreprises citées par Fortune 500 le rappelle à ses employés : « Échouez souvent. Mais allez toujours de l'avant. »

SECRET N° 5 : DÉBARRASSEZ-VOUS DE VOTRE MICROSCOPE ÉLECTRONIQUE !

Avez-vous déjà vu des photos d'acariens ? Ce sont des bestioles d'allure préhistorique qui comptent sans doute parmi les créatures les plus laides de la création – aucune chance de remporter le concours de « l'animal de compagnie le plus adorable ». Les publicitaires nous les montrent généralement après avoir agrandi l'image 10 000 fois, et puis ils nous disent que ces petites horreurs vivent dans notre lit ! Pourquoi font-ils ça ? Parce qu'ils savent que leur taille réelle ne provoquerait pas de réaction chez nous. Mais lorsque nous en voyons qui ont l'air d'avoir la taille d'un tricératops et imaginons qu'ils se baladent entre nos draps, cela nous donne envie d'acheter le produit proposé par ces publicitaires ou d'apprendre à dormir comme un cheval… c'est-à-dire debout.

C'est ce que font certains individus en esprit. Ils mettent sous la lentille du microscope tout ce qui leur inspire de l'anxiété. Et puis, ils grossissent l'image 10 000 fois et se font mourir de peur ! Si vous avez tendance à donner des proportions démesurées à des moments désagréables, alors cessez de les contempler avec un microscope.

Pensez au fonctionnement du bouton « zoom » que l'on trouve sur la barre d'outils de n'importe quel ordinateur et vous comprendrez comment notre esprit peut travailler pour ou contre nous. Sur mon ordinateur, ce bouton me permet d'ajuster la taille de ce que je regarde sur l'écran. J'ai l'option d'agrandir l'image de 500 % ou de la réduire de 10 %. Remarquez les émotions différentes que fait naître le mot « peur » lorsqu'il est agrandi…

PEUR

et lorsqu'il apparaît en caractère minuscules...

PEUR

Si vous le souhaitez, tapez les mots « Je suis compétent » et amusez-vous avec le zoom. Grossissez les mots de 500 %, et puis réduisez-les à 10 % de leur taille normale, et voyez le résultat sur votre écran en ce qui a trait à l'impact, passant de spectaculaire à négligeable.

Certains individus, particulièrement ceux qui vivent avec une inquiétude ou une peur excessive, jouent habituellement avec le bouton zoom de leur esprit. S'ils ont une pensée négative ou désagréable, ils zooment sur elle et lui donnent des proportions ahurissantes. D'autres zooment sur une pensée positive, agréable ou prometteuse et la minimisent exagérément. Avec le temps, la sortie papier de leur vie reflète ce qui a été le plus souvent affiché sur l'écran de leur esprit.

En ce qui touche la croissance de votre entreprise, lesquels des éléments suivants minimisez-vous ou amplifiez-vous ? Lesquels agrandissez-vous et lesquels diminuez-vous ?

JE MINIMISE / J'AMPLIFIE...

Mon inconfort	**Mon rêve**
Mon anxiété	**Mon ambition**
Mes soucis	**Mes espoirs**
Mes frustrations	**Ma foi**
Ma fatigue	**Mon plaisir**
Mes difficultés	**Mon succès**

De nombreuses choses dans la vie peuvent être comparées aux acariens – si vous leur donnez des proportions exagérées, elles vous donneront froid dans le dos. Toutefois, si vous les gardez en perspective, elles ne vous plairont sans doute pas, mais vous pourrez quand même dormir comme un bébé.

SECRET N° 6 : ON NE SKIE QUE 1,5 MÈTRE À LA FOIS

Je reviens d'un voyage de ski d'une semaine en Suisse. La vue panoramique du haut du mont Cervin, à 3 600 mètres d'altitude, était d'une beauté indescriptible. Le premier matin, je me trouvais là-haut, m'imprégnant du paysage avant d'entreprendre une descente de 8 kilomètres jusqu'en Italie où je déjeunerais dans un restaurant situé à flanc de montagne. Juste avant de m'élancer, j'ai jeté un coup d'œil à l'un des amis qui m'accompagnaient. L'expression de son visage montrait bien que la vue lui avait coupé le souffle… mais non pas à cause de sa magnificence. Il se demandait plutôt comment il parviendrait à se rendre à destination. Le parcours lui semblait trop escarpé, trop long et trop difficile. Il était nettement dépassé par ce qui se trouvait devant lui.

C'est ainsi que se sentent de nombreux individus lorsqu'ils se lancent dans l'industrie du marketing relationnel. Ils se demandent : *Mais comment vais-je faire pour aller jusqu'au bout ? Comment vais-je faire pour toucher un revenu substantiel ? Comment vais-je faire pour accéder aux échelons de leadership les plus élevés ? Comment vais-je faire pour devenir aussi confiant, détendu et compétent que certains autres représentants que j'ai vus aux réunions ?*

Puis-je vous dire la même chose qu'à mon ami ? Pour calmer son anxiété, je lui ai conseillé de cesser de regarder la montagne dans son *ensemble.* Je lui ai dit qu'il n'avait pas à assimiler tout d'un seul coup. Et comme ses skis ne mesuraient que 1,5 mètre, il ne pouvait franchir plus de *1,5 mètre à la fois.* Il suffisait qu'il regarde la pente juste devant lui. Plus tard, pendant que nous mangions sur une terrasse ensoleillée, il a levé les yeux et a été étonné par le chemin qu'il avait parcouru et surpris d'avoir vaincu sa peur. À la fin de la semaine, il dévalait la montagne avec une grande fierté, confiant et sans crainte. Pourquoi ? Parce qu'il avait appris à skier 1,5 mètre à la fois.

Lorsque vous vous sentez anxieux ou dépassé, souvenez-vous de simplifier votre travail. Il suffit d'accomplir la tâche qui se trouve devant vous. Ensuite, concentrez-vous sur la prochaine étape. Commencez à skier 1,5 mètre à la fois. Persévérez et, un jour, *vous* toucherez un revenu substantiel et serez un leader que les autres voudront imiter.

SECRET N° 7 : RAPPELEZ-VOUS CE QUI EST VRAIMENT EFFRAYANT

Il y a certaines réalités que les entrepreneurs prospères ont appris à accepter. Ils savent que :

- *On ne peut connaître l'ivresse de la victoire sans avoir d'abord connu la peur ou l'échec.*
- *On ne peut espérer jouir un jour de la liberté financière si l'on persiste à éviter la peur dans le présent.*
- *On ne peut développer une grande entreprise de marketing relationnel prospère sans grandir soi-même en tant que personne.*

Mais les entrepreneurs ne vivent pas sans peur. Voulez-vous savoir ce qu'ils craignent ?

- *Avoir des rêves qui ne deviennent jamais des réalités.*
- *Avoir un talent qui n'est pas utilisé.*
- *Avoir un potentiel qui n'est pas exploité.*
- *Donner le meilleur d'eux-mêmes à un employeur au lieu d'être leur propre patron.*
- *Espérer gagner davantage d'argent sans que cela ne se produise jamais.*
- *Souhaiter créer des souvenirs avec les gens qu'ils aiment, mais ne pas avoir suffisamment de temps ou d'argent pour le faire.*
- *Vouloir aider les autres, mais ne pas avoir le temps et l'argent nécessaires.*
- *Céder les meilleures années de leur vie et les meilleures heures de leurs journées aux rêves de leur patron au lieu de poursuivre les leurs.*
- *Apprendre trop tard que le succès est beaucoup plus facile à atteindre qu'ils ne le croyaient.*

Pour les entrepreneurs, ce qui compose cette liste est *beaucoup* plus déstabilisant que la peur intermittente qui ponctue la quête du succès. Ce que craignent les entrepreneurs, c'est une vie vécue dans les limites étroites d'une zone de confort. Ils savent qu'éviter la peur, c'est éviter la vie. Ils savent que « jouer sûr », ce n'est pas vivre, mais mourir lentement.

Le marketing relationnel est bien plus qu'une invitation à créer la liberté financière – c'est une invitation à jouer un rôle actif dans votre vie. Et les entrepreneurs répondent qu'ils seront présents, quoi qu'il arrive.

Chapitre 9

UN COURS D'ÉCONOMIE SUR LE TERRAIN DE GOLF

La meilleure leçon d'économie que j'ai pu recevoir a duré moins de 30 secondes. Elle n'a pas eu lieu pendant mes études universitaires à la maîtrise et au doctorat. Elle ne me vient pas d'un livre ou d'un séminaire ni de mon expérience dans le monde des affaires. Non, c'est arrivé pendant que je jouais au golf avec quelques amis.

Nous étions tous jeunes, nous étions tous fauchés, et nous disputions une partie de golf sur un terrain entouré de maisons valant plusieurs millions de dollars. Après avoir admiré ces résidences spectaculaires, je me suis exclamé : « Mais qu'est-ce que font ces gens pour être capables de s'offrir des maisons pareilles ? » L'un de mes amis a répondu sans hésitation : « C'est simple, Tom. Les gens qui vivent dans ces maisons ont soit de l'argent qui travaille pour eux, soit des gens qui travaillent pour eux. »

« De l'argent qui travaille pour eux ou des gens qui travaillent pour eux… » La forte impression que ces mots ont eue sur moi ne m'a jamais quitté. Je me suis alors lancé un défi : en faire une réalité dans ma propre vie. Je voulais trouver un moyen de connaître cette expérience et d'être capable d'acheter le genre de maisons qui m'avait fait poser cette question en premier lieu.

J'ai médité sur le commentaire de mon ami pendant des années, et puis j'ai fait comme la plupart des gens – je me suis laissé emporter par le tourbillon de la vie et la nécessité de subvenir à mes besoins. Et même si j'arrivais à très *bien* le faire, je savais que je ne vivais pas comme un entrepreneur. Je devais continuer à travailler pour que le flux ne s'interrompe pas. Je me suis rendu compte que gagner beaucoup d'argent sans avoir le temps d'en profiter n'était pas très gratifiant. Il est vite devenu évident à mes yeux que la qualité de vie dépend simultanément du temps et de l'argent dont on dispose. Je ne voulais pas attendre d'avoir 65 ans pour avoir les deux – j'avais vu la santé de trop de gens décliner juste au moment où ils avaient enfin temps et argent.

Finalement, j'ai compris que même si je faisais partie du 1 % des gens les mieux rémunérés, je n'étais rien de plus qu'un salarié à taux horaire. Mon revenu était linéaire. Je devais travailler pour être payé. Ma source de revenus pouvait être comparée à l'eau qui s'écoule d'un tuyau d'arrosage. Si je continuais à travailler, l'argent circulait comme l'eau dans le tuyau. Mais si j'arrêtais, c'est comme si je pliais le tuyau et bloquais l'écoulement de l'eau. Par exemple, parce j'étais payé en fonction d'heures facturables, lorsque je prenais des vacances avec ma famille, je calculais toujours l'argent que je perdais en ne travaillant pas et je l'ajoutais au coût de l'activité.

Lorsque je contemplais la vie de mes amis, je voyais bien qu'ils étaient pris au même piège. Il importait peu qu'ils soient médecins, avocats, dentistes ou comptables. Ils devaient *tous* continuer à travailler pour être payés. Et que leur salaire horaire soit de 10, 100 ou 1 000 dollars n'y changeait rien. C'était la même obligation. Leur revenu était linéaire – du temps contre de l'argent – et ils étaient à des lieues de la liberté financière.

Des années plus tard, lorsque j'ai découvert la sagesse du marketing relationnel, j'ai réalisé que c'était le véhicule idéal pour « faire travailler tant les gens que l'argent pour moi ». À la fin de ce chapitre, je vous expliquerai comment et pourquoi le marketing relationnel est un mécanisme unique pour qui veut accéder à la liberté financière. Mais tout d'abord, examinons quelques réalités financières et explorons ensuite ce que la majorité d'entre nous a appris à propos de l'argent, du travail et de l'entrepreneuriat. Cela vous aidera à comprendre pourquoi j'étais, comme des milliers d'autres, lent à apprécier à sa juste valeur le potentiel financier qu'apporte la création d'une entreprise de marketing relationnel prospère.

Des sels pour nous ramener à la réalité financière

Les dentistes ont généralement des sels sous la main au cas où un patient s'évanouirait. Ces sels donnent un coup de fouet et font reprendre connaissance. Voici quelques « sels financiers » qui pourront vous donner un coup de fouet et vous ramener à la réalité :

Réalité nº 1 : La plupart des gens ont appris à travailler pour de l'argent. On ne leur a pas enseigné comment l'argent peut travailler pour eux.

Réalité nº 2 : La plupart des gens gagnent tout juste assez d'argent pour pouvoir s'endetter. Mais ils n'en gagnent pas assez pour se libérer de ces dettes ou les éviter complètement.

Réalité nº 3 : Vous ne vivez pas dans « l'aisance » tant que vous ne pouvez pas vous arrêter de travailler et maintenir votre train de vie.

Réalité nº 4 : Manipuler de l'argent n'est pas la même chose qu'avoir de l'argent.

Réalité nº 5 : La plupart des gens préparent leur retraire avec un peu de planification, beaucoup d'espoir et énormément de déni.

Réalité nº 6 : Les avoirs productifs de revenus sont la clé de la liberté financière.

Si vous voulez avoir une discussion intéressante avec des amis, demandez-leur ce que leurs parents leur ont enseigné à propos de l'argent et des finances. Prenez le temps de réfléchir à ce que vos parents vous ont enseigné. Vous découvrirez qu'un grand nombre d'entre eux ont appris une combinaison de ce qui suit :

- Ouvrir un compte-chèques et un compte d'épargne
- Balancer un chéquier
- Obtenir une carte de crédit
- Éviter l'endettement
- Payer nos factures sans tarder

- Épargner pour acheter une maison
- Trouver un « bon emploi » assorti d'avantages sociaux

Examinez cette liste et notez ce qu'elle n'inclut *pas* – c'est-à-dire la réalité la plus fondamentale : il n'y a que cinq façons d'utiliser l'argent (pour payer des impôts, rembourser des dettes, le dépenser, l'investir ou le donner). Il n'y a aucune directive quant au fonctionnement de l'argent et à la création de la richesse. Peu d'accent est mis sur la valeur du temps en matière d'avantages pour vous dans la création de la richesse. Rien n'est dit à propos du pouvoir des avoirs productifs de revenus ou de la façon d'accéder à la liberté financière à partir de divers niveaux de revenu et âges. On fait à peine mention de la joie de donner et pratiquement rien ne nous encourage à penser et à vivre comme un entrepreneur.

Bien entendu, le silence des parents à cet égard n'est pas synonyme d'un manque d'amour ou de sollicitude. Comment pourraient-ils enseigner à leurs enfants ce qu'ils ne savent pas eux-mêmes ? Ils font des pieds et des mains pour boucler les fins de mois et trouver un moyen d'être prêts pour la retraite. Ils n'ont pas compris qu'il est facile de réussir financièrement – plus particulièrement grâce au marketing relationnel.

Pourquoi nourrit-on des attentes si peu élevées lorsqu'il s'agit de réussite financière ?

Lorsqu'il est question de liberté financière, vous est-il déjà arrivé de vous demander pourquoi la plupart des gens croient qu'il est impossible ou très peu probable qu'ils vivront un jour dans l'aisance et pourront bâtir un patrimoine ? Pourquoi acceptent-ils le fait qu'être un employé et ne pas s'enrichir est la norme et que tout le reste relève de l'exception ? Pourquoi espèrent-ils en avoir plus, mais ne font-ils rien à cet égard ? Pourquoi passent-ils la majeure partie de leur existence à vivre au jour le jour ?

> ***« Ils ont soit de l'argent qui travaille pour eux, soit des gens qui travaillent pour eux. »***

La plupart des gens vivent ainsi parce que c'est ce qu'on leur a enseigné, et cet apprentissage a été confirmé par les membres de leur famille, leurs amis, leurs professeurs et les normes culturelles. Ils ont été formés pour être de bons employés, pour croire que travailler pour quelqu'un d'autre est normal, et que tout le reste est exceptionnel. Ils ont été programmés pour accepter la médiocrité et ils ont rarement été encouragés à prendre des risques comme le font les entrepreneurs.

Passez en revue la liste d'expressions courantes qui suit et notez comment elles renforcent une croyance ou nous rappellent que prendre des risques (tout ce qui s'éloigne de la norme) devrait être évité. Je suis prêt à parier que vous avez entendu la plupart de ces expressions au cours de votre vie. En lisant le début de chacune d'elles, la suite vous viendra automatiquement à l'esprit. On nous dit :

Mise sur des valeurs	**sûres.**
Ne crache pas dans la	**soupe.**
Ne fais pas	**d'histoires.**
Ne fais pas de	**vagues.**
Ne prends aucun	**risque.**
Ne t'en remets pas au	**hasard.**
Un tiens vaut mieux que	**deux tu l'auras.**
Il y a toujours quelqu'un qui tombe dans.	**le panneau.**
Si quelque chose semble trop beau pour être vrai, ...	**ça l'est.**

Il y a une part de vérité dans chacune de ces expressions et elles méritent parfois toute notre attention. Le problème, c'est que ces truismes courants encouragent les gens à demeurer là où ils sont, à accepter le *statu quo*, à ne pas oser apporter de changements dans leur vie, à penser autrement et à trouver de nouvelles façons de réussir.

Notre système d'éducation en rajoute en nous encourageant et nous préparant à devenir des « employés ». Il n'y a pratiquement aucun cours portant sur l'entrepreneuriat, les stratégies pour réussir, la façon de prendre sa retraite à un jeune âge et les moyens d'accéder facilement à la liberté financière. Voyons ce que les collèges et les universités donnent comme formation en guise de préparation à l'entrée sur le marché du travail :

ON VOUS ENSEIGNE À…

- Vous documenter sur un employeur.
- Préparer un curriculum vitæ.
- Trouver un « bon emploi ».
- Déterminer à combien devrait s'élever votre salaire.
- Penser en termes de « salaire » et de « salaire horaire ».
- Briller en entrevue.
- Être « vendable ».

VOUS ÊTES FORMÉ POUR…

- Avoir de bonnes compétences professionnelles.
- Être employable.
- Travailler pour quelqu'un d'autre.
- Aider quelqu'un d'autre à concrétiser ses rêves en lui donnant la part du lion de votre temps et de votre talent.
- Consacrer les meilleures heures de la journée et les meilleures années de votre vie à un emploi ou à une carrière.
- Vous attendre à travailler jusqu'à l'âge de 65 ans.
- Être un excellent travailleur, mais ne pas avoir beaucoup d'argent.
- Être un *employé*, et non un *entrepreneur*.

Dans ce contexte, on voit aisément pourquoi tant de gens ont de la difficulté à comprendre à quel point il peut être simple d'accéder à la liberté financière et à la qualité de vie dont peut jouir l'entrepreneur. Ils ont été formés pour vivre dans le fuseau horaire de la bureaucratie et non dans le fuseau horaire de l'entrepreneuriat. (Pour un résumé de ces importants concepts, voir le chapitre 4 de mon livre *Allez au bout de vos rêves*, « Vivre dans le fuseau horaire de l'entrepreneuriat ».) Les gens acceptent comme un principe indiscutable et une vérité irrévocable qu'ils doivent travailler par nécessité et non par choix jusqu'à l'âge de 65 ans. Ils acceptent le fait que quelques semaines de vacances par année sont une norme que l'on ne remet pas en question. Ils acceptent un abonnement à vie à des trajets quotidiens dans des embouteillages.

De plus, ils tiennent pour acquis qu'ils passeront la plus grande partie de leur vie comme employés, qu'ils occuperont un emploi secondaire dans lequel ils auront peu de pouvoir, car c'est leur patron qui tirera toutes les ficelles. Ils comprennent ce que voulait dire Tennessee Ernie Ford lorsqu'il chantait : « Saint Pierre, ne m'appelle pas, car je ne peux pas partir, je dois mon âme au magasin de la compagnie. » Ils acceptent de toujours devoir quémander des faveurs à leur employeur. Ils croient qu'il est tout à fait normal de :

- Demander à être reçu en entrevue.
- Demander un emploi.
- Demander la permission d'arriver plus tard.
- Demander la permission de partir plus tôt.
- Demander un jour de congé.

- Demander des vacances.
- Demander une promotion.
- Demander une augmentation de salaire.

Tout ce qui est différent est étranger à leur mentalité et ne fait pas partie de leur système de croyances. Par conséquent, même lorsqu'ils tentent de sortir de ce cadre et de souscrire à la notion de succès financier et de temps libre, leurs vieilles croyances agissent comme des sables mouvants et les ramènent vite dans la chaude familiarité d'une vie qui ne mène nulle part.

J'espère que vous deviendrez inemployable

J'habite dans le nord de la Virginie et nous avons eu l'hiver dernier l'une de ces journées de février extraordinaires, le mercure grimpant à plus de 20 degrés Celsius. La journée était tellement belle que j'ai décidé d'aller jouer au golf. J'ai appelé un ami qui adore ce sport et je l'ai invité à mon club. Mon appel l'a désolé. Il se sentait déchiré entre son désir de jouer au golf et l'impossibilité de « tout laisser tomber » pour se joindre à moi. Pendant que nous bavardions au téléphone, il a dû se résoudre à me dire : « J'adorerais aller jouer au golf aujourd'hui, Tom, mais je ne peux pas m'absenter du travail. »

Il voulait dire qu'il n'avait pas le pouvoir, la liberté ou le privilège de faire ce qu'il voulait pendant cette journée exceptionnelle. J'ai ri et je lui ai dit : « C'est le problème avec toi. Tu es si compétent, si important et tellement indispensable que tu ne peux même pas filer sans préavis, ne serait-ce qu'une journée ! J'aimerais que tu sois inemployable, comme moi. J'ai tellement peu d'importance que personne ne se préoccupe du fait que je travaille ou non aujourd'hui! Personne ne décide de la façon dont je passe mon temps. Et personne ne sera contrarié parce que je suis dehors à aimer la vie par cette magnifique journée pendant que tu restes cloué à ton bureau. Ça doit être agréable d'être à ce point indispensable et de ne pas avoir la liberté de partir et de faire ce que tu veux. » Il a ri avec moi et puis a dit… quelque chose que je ne peux pas écrire ici.

DES STRATÉGIES POUR VIVRE DANS L'AISANCE ET CRÉER LA RICHESSE

La popularité inattendue de l'émission de télévision *Qui veut gagner des millions?* a montré de façon évidente que pratiquement tout le monde aimerait être millionnaire. Le problème, c'est que la plupart des gens expriment ce désir et c'est tout. Ils n'ont ni stratégie, ni plan, ni échéancier, ni savoir pour atteindre ce but. Et ils ne font donc qu'espérer au lieu de travailler avec détermination et de tendre vers cet objectif fort atteignable. Pour atteindre ce but, il suffit que vous compreniez quelques concepts de base et agissiez en vous inspirant du conseil que j'ai reçu sur un terrain de golf il y a longtemps.

Concept n° 1 : Engagez-vous à apprendre comment fonctionne l'argent au lieu de penser uniquement à de nouvelles façons de travailler pour en gagner.

Concept n° 2 : Apprenez à comprendre le rôle et la valeur du temps dans la création de la richesse. Le temps est un bien universel que nous possédons tous, et lorsqu'il s'agit de liberté économique, il est notre meilleur ami. Malheureusement, en ce qui a trait à la planification et à la liberté financière, de nombreux individus d'un certain âge ressemblent aux joueurs d'une équipe de la LNF qui tire de l'arrière par deux touchés alors qu'il ne reste que deux minutes de jeu. Le temps joue contre eux et ils sont obligés d'organiser précipitamment une « offensive de la dernière chance », en espérant franchir la ligne des buts grâce à une passe désespérée. Commencez dès maintenant à apprendre à mettre le temps de votre côté ; heureusement, le marketing relationnel peut vous permettre de lancer, si nécessaire, une « offensive de la dernière chance ».

Concept n° 3 : Comprenez la « règle de 72 ». Cette règle empirique bien connue est un moyen facile de déterminer le temps qu'il faudra pour que la valeur de vos économies ou de vos investissements puisse doubler. Il suffit de diviser le nombre 72 par le taux d'intérêt auquel votre capital fructifie.

Exemple : Si votre capital est placé à un taux de 15 %, alors : 72 ÷ 15 = 4,8 ans pour doubler votre investissement.

Exemple : Si votre capital est placé à un taux de 20 %, alors : 72 ÷ 20 = 3,6 ans pour doubler votre investissement.

Actuellement, il n'est pas rare que les gens puissent placer leur argent à un taux d'intérêt très élevé, ce qui signifie que l'époque est très propice à l'investissement.

Lorsque les projecteurs s'allument

Lorsque les gens comprennent comment faire travailler l'argent pour eux au lieu de travailler eux-mêmes pour de l'argent, la vie leur apparaît sous un jour complètement différent. Cette découverte fait soudain naître l'espoir. Et ils commencent à chercher des stratégies réalistes pour générer des revenus qui pourront être placés et commencer à fructifier en fonction du temps et du taux d'intérêt. Le génie du marketing relationnel devient ici doublement apparent. C'est une stratégie peu coûteuse et brillante qui permet aux gens de jouir des deux sources de revenus dont il a été question dans ma « leçon d'économie sur le terrain de golf »... faire travailler les gens et l'argent pour eux.

Lorsqu'on se penche sur ces deux sources de revenus – la première, faire travailler les *gens* pour vous ; et la deuxième, faire travailler l'*argent* pour vous –, il n'y a logiquement que quatre scénarios possibles :

1. Les gens et l'argent travaillent pour vous.
2. Les gens travaillent pour vous, mais pas l'argent.
3. L'argent travaille pour vous, mais pas les gens.
4. Ni les gens ni l'argent ne travaillent pour vous.

Vous savez où se situent la plupart des gens sur cette liste.

Un cours d'économie sur le terrain de golf

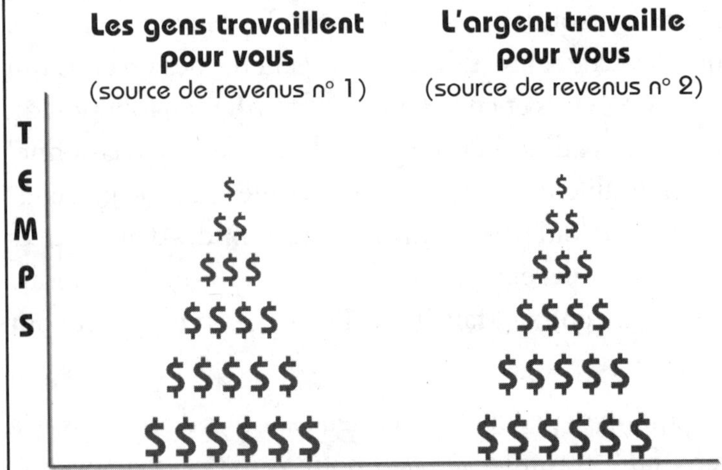

Deux sources de revenus pouvant créer la liberté financière sont illustrées ici : l'une consiste à faire travailler l'argent pour vous en générant des intérêts et des dividendes ; l'autre consiste à toucher de l'argent grâce au rendement et à la réussite des autres. Dans les deux cas, de l'argent entre dans vos poches sans que vous ayez besoin d'être présent pour le gagner. Notez que ces deux types de revenus augmentent substantiellement avec le temps. Tous deux sont des avoirs productifs de revenus.

Entrez dans le jeu

Dans l'économie actuelle, un nombre sans précédent de gens commencent à voir le pouvoir de l'argent qui travaille pour eux, comparativement à travailler pour de l'argent. Il n'est pas rare qu'ils voient la valeur de leur investissement doubler en quelques années seulement. Jamais le moment n'aura été mieux choisi pour comprendre le fonctionnement de l'argent et le rôle que joue le marketing relationnel dans cette nouvelle réalité.

Si vous êtes comme la majorité des gens, vous avez peut-être le sentiment que tout le monde autour de vous fait fortune sur le marché boursier et devient « instantanément millionnaire » grâce à des fonds communs de placement ou des actions d'une entreprise en démarrage. Au lieu de vous lamenter en pensant à la richesse que les autres créent, je vous suggère d'élaborer votre propre stratégie. Il n'est pas nécessaire d'observer passivement les autres jouir de la liberté financière lorsque vous pouvez y accéder aussi.

Comment vous faire inviter à la fête ? Comment entrer dans le jeu ? Si vous voulez que l'argent travaille pour vous, sachez que le vieil adage : « Il faut de l'argent pour faire de l'argent » est vrai. Mais la question est la suivante : par où commencer ? Comment creuser le lit d'une rivière au fond duquel coulera éventuellement une source de revenus produisant un torrent de cashflow ?

Vous devez d'abord créer la source de revenus n° 1 (des gens qui travaillent pour vous). Ensuite, faites de *cette* première source de revenus celle qui alimentera la seconde (de l'argent qui travaille pour vous). Cela ressemble à ceci :

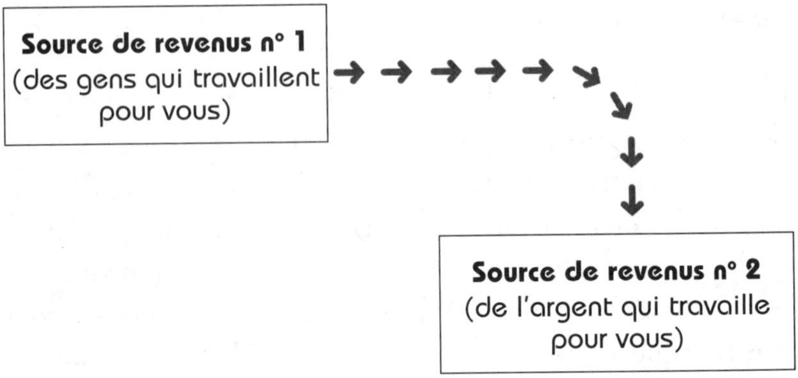

On crée la source de revenus n° 1 et on l'utilise pour alimenter la source de revenus n° 2.

Plusieurs aspects ingénieux du marketing relationnel méritent d'être notés en ce qui a trait à ces deux sources de revenus :

- Le marketing relationnel est la quintessence de la source de revenus n° 1. Il permet aux participants de constituer au sein d'une entreprise une équipe d'entrepreneurs qui pensent comme eux et de bénéficier du succès et de la productivité de chacun – « des gens qui travaillent pour eux ».
- Le marketing relationnel permet aux participants de développer un groupe de gens qui « travaillent pour eux » en s'épargnant les tracas sans fin qu'apportent l'embauche de personnel et la gestion d'une entreprise traditionnelle. Leur relation n'est pas celle de l'employeur-employé. Ici, tous travaillent ensemble au sein de la même équipe en visant des buts communs.
- Le marketing relationnel nécessite que les gens participent activement au développement de l'entreprise

pour que la source de revenus n° 1 puisse générer des rentrées considérables. Mais cette participation ne se calcule pas en capitaux; la source de revenus n° 1 est amorcée par un apport personnel. Les participants doivent fournir un investissement initial sous forme de *temps* et d'*efforts* avant qu'un revenu important puisse être généré en fin de compte. Tout individu ayant un rêve peut développer son entreprise et sa source de revenus n° 1 avec ces deux ressources. Personne n'est exclu.

- Le marketing relationnel peut non seulement permettre aux participants de tirer profit du travail de gens qui travaillent pour eux, mais il leur permet également de créer une *deuxième* source de revenus qui travaillera pour eux. Il s'agit là d'une combinaison rare et puissante.

Il est fréquent que les gens ne saisissent pas cette occasion unique. Voici ce que je constate souvent:

- Les individus qui n'évoluent pas dans l'univers du marketing relationnel ne comprennent pas la sagesse qui sous-tend la création d'une source de revenus générée par des gens qui travaillent pour eux (source de revenus n° 1). Et ils ne peuvent donc pas s'en servir pour alimenter la source de revenus n° 2.
- Les gens qui évoluent dans l'univers du marketing relationnel sont tellement excités par les revenus que leur entreprise génère qu'ils ne voient pas l'avantage de les utiliser pour créer un second revenu résiduel en faisant travailler l'argent pour eux. (C'est une façon polie de dire qu'ils dépensent tout ce qu'ils gagnent.)

Permettez-moi de vous démontrer le pouvoir de ces deux sources de revenus qui travaillent pour vous. Si vous évoluez déjà dans l'univers du marketing relationnel et comprenez bien ce que je vais exposer ici, vous découvrirez qu'il est possible de devenir l'un des représentants les mieux rémunérés de votre entreprise grâce à ces deux sources de revenus, même si vous ne gagnez qu'une fraction de ce que touchent les représentants qui se trouvent au sommet de l'échelle salariale.

Combien aimeriez-vous avoir d'argent qui travaille pour vous ?

Déterminez la somme que vous aimeriez gagner plus tard en faisant un simple calcul basé sur trois variables : l'argent que vous souhaitez gagner, l'argent que vous avez épargné/investi et le taux de croissance de vos placements. Voici à quoi cela ressemble :

Si vous voulez gagner	Et que votre argent fructifie à un taux de croissance annuel de	Vous avez besoin de cette somme sous forme d'épargne/investissements
20 000 $/année	10 %	200 000 $
	20 %	100 000 $
40 000 $/année	10 %	400 000 $
	20 %	200 000 $
80 000 $/année	10 %	800 000 $
	20 %	400 000 $
100 000 $/année	10 %	1 000 000 $
	20 %	500 000 $

Si ces montants vous paraissent trop imposants ou trop difficiles à accumuler au départ, utilisez la « règle de 72 » pour déterminer la rapidité avec laquelle la valeur de votre investissement pourra doubler. Supposons que votre entreprise de marketing relationnel vous a permis d'amasser 50 000 $ sous forme d'épargne ou d'investissement et que cet argent a doublé tous les 4 ans. Vous obtiendrez ceci :

La somme de 50 000 $ sous forme d'épargne double tous les 4 ans

4e année	50 000 $ devient 100 000 $
8e année	100 000 $ devient 200 000 $
12e année	200 000 $ devient 400 000 $
16e année	400 000 $ devient 800 000 $
20e année	800 000 $ devient 1 600 000 $

Imaginez un individu qui est âgé de 25 ans et qui investit une somme de 50 000 $ qu'il a gagnée grâce à son entreprise de marketing relationnel. S'il continue sur cette lancée, il pourrait avoir accumulé plus de 1,5 million de dollars sous forme d'épargne/investissements lorsqu'il atteindra l'âge de 45 ans. Si cet argent était placé à un taux d'intérêt annuel de 10 %, cela représenterait un revenu résiduel de 160 000 $ par année. Et cela n'inclut pas le revenu mensuel qui sera généré par son entreprise de marketing relationnel. (Si cet argent était placé à un taux d'intérêt annuel de 20 %, le revenu résiduel serait de 320 000 $ par année, sans compter le revenu généré par son entreprise.)

Quel âge avez-vous? Qu'arriverait-il si vous vous fixiez quelques objectifs financiers et commenciez à travailler sans relâche dans votre entreprise de marketing relationnel de manière à toucher un revenu considérable grâce à la source de revenus n° 2 au bout de quelques années? Et si votre but n'était que de gagner 20 000 $ ou 30 000 $ par année sous forme de revenu résiduel? Lorsqu'on réalise à quel point il est facile de faire travailler l'argent pour nous, il est beaucoup plus motivant de travailler pour l'argent qui constituera notre point de départ. Le marketing relationnel est une invitation. La liberté financière est devant vous. Et l'habileté consistant à *partager* ce concept est la prochaine étape.

INFORMEZ VOS PROSPECTS DE LA VALEUR STRATÉGIQUE DU MARKETING RELATIONNEL

Nous avons vu au chapitre 5 qu'il fallait « relier les points ». Cela signifie que nous ne devons pas oublier de faire le lien entre notre entreprise et la vie, les besoins, les espoirs et les désirs de nos prospects. Si nous « relions les points », notre entreprise devient immédiatement pertinente à leurs yeux. Comment rendriez-vous pertinentes aux yeux d'un prospect les leçons contenues dans ce chapitre?

Voici quelques idées que vous pourriez considérer pendant que vous vous concentrez sur votre auditoire, que vous écoutez en 3D et que vous parlez comme un « ACE ». Voici des exemples de ce que vous pourriez demander ou mentionner en tant qu'introduction, de manière à éveiller l'intérêt de votre prospect et à allumer un feu:

- Je sais que vous travaillez fort pour votre argent. Avez-vous déjà trouvé un moyen de faire travailler l'argent pour vous ?
- Après avoir payé vos factures, vous reste-t-il assez d'argent pour investir ? Quelqu'un vous a-t-il enseigné comment commencer à faire travailler l'argent pour vous, même si vous n'en avez pas assez actuellement pour investir ?
- Avez-vous pensé sérieusement au moment où vous souhaitez prendre votre retraite et au revenu que vous voudrez alors avoir à votre disposition ? Avez-vous une bonne stratégie d'épargne/investissement ?
- Je suis en train de créer un club d'investissement dont le but pour les participants sera de créer la liberté en termes de temps et d'argent. J'ai appris qu'il est beaucoup moins difficile d'accéder à la liberté financière que je le croyais. L'inscription à ce club d'investissement exige un investissement initial, non pas financier, mais sous forme de temps et d'efforts.
- J'avais tendance à comparer le marketing relationnel à une tentative ridicule visant à créer un revenu supplémentaire négligeable. Je croyais qu'il s'agissait d'une industrie qui encourageait le matraquage publicitaire et qui manquait de substance et de professionnalisme. Aujourd'hui, je commence à réaliser qu'il s'agit d'une stratégie réaliste pour quiconque veut accéder à la liberté, tant en matière de temps que d'argent. Quelqu'un a-t-il déjà pris le temps de vous démontrer comment et pourquoi le marketing relationnel fonctionne ?

- Si je pouvais vous indiquer un moyen de faire travailler les gens et l'argent pour vous afin de vous libérer du stress que vous causent vos finances, seriez-vous intéressé ?
- Je viens de découvrir qu'il est possible et plus facile que je le croyais de prendre une retraite précoce et de vivre dans l'aisance. J'ai maintenant une stratégie réaliste et un échéancier pour y arriver.
- Trop de gens passent leur vie à chercher un moyen de s'enrichir rapidement. Je ne fais plus ça. Ce n'est pas réaliste. J'ai trouvé un moyen de m'enrichir lentement. C'est réel, cela fonctionne et j'ai maintenant un plan et une stratégie qui me permettront d'accéder à la liberté financière.
- S'il existait un moyen de travailler avec acharnement pendant quelques années et d'être ensuite libre financièrement pour le reste de vos jours, souhaiteriez-vous l'examiner ?

Il n'y a rien de mal à commencer par une vision utilitariste

Je suis un ardent défenseur du marketing relationnel pour des raisons intellectuelles, économiques, sociales et psychologiques. J'adore cette industrie parce que je la vois comme une arène où tous les participants sont invités à vivre comme des entrepreneurs et à développer des stratégies pour créer la liberté en matière de temps et d'argent. Mais il n'est pas nécessaire d'aimer le marketing relationnel pour y arriver !

La prochaine fois que vous serez dans votre voiture au début ou à la fin d'une journée de travail, regardez autour de vous. Combien des automobilistes qui vous entourent sont-ils allés travailler aujourd'hui parce que c'est carrément la chose la plus merveilleuse, amusante et excitante qu'ils puissent imaginer ? Pas beaucoup. La plupart des gens vont travailler parce qu'ils n'ont pas le choix. C'est une nécessité qui les y pousse. Le travail est un moyen d'arriver à leurs fins. Malheureusement, cette routine ne s'interrompt jamais parce qu'elle ne génère pas un revenu résiduel.

> **« Le marketing relationnel nécessite un investissement initial de temps et d'efforts. »**

Il n'y a rien de mal à voir dans le marketing relationnel un moyen d'arriver à vos fins. Il s'agit d'un véhicule que vous pouvez utiliser pour aller là où vous voulez aller dans la vie, réduire le stress, mettre un terme à votre statut d'employé et vous apporter plus tard la liberté en ce qui a trait au temps et à l'argent. Mais il n'est pas nécessaire que vous aimiez ce véhicule. Il suffit d'aimer la stratégie. Aimez le marketing relationnel comme un moyen d'arriver à vos fins. Aimez le lieu où il vous amène. Aimez le rare génie de ces deux sources de revenus qui travaillent pour vous. Aimez la joie de l'espoir. Aimez la joie d'aider les autres.

En cours de route, vous rencontrerez certaines des personnes les plus extraordinaires qu'il vous sera donné de connaître. Vous développerez de grandes amitiés, apprendrez à travailler en équipe et à vivre comme un entrepreneur. Vous apprendrez à travailler dur, à faire preuve de résilience et à goûter à une qualité de vie que vous n'auriez jamais crue possible. Et pendant cette aventure, vous pourriez même apprendre à aimer le marketing relationnel.

Entre-temps, cessez de vous inquiéter des sentiments que vous inspire la croissance de votre entreprise. Acceptez la réalité quotidienne de ce qu'il faut faire pour réussir dans la vie et payez votre dû.

- *Trouvez de la joie dans votre rêve.*
- *Trouvez de la joie dans l'épanouissement et la découverte de soi.*
- *Trouvez de la joie dans l'apprentissage de la gestion de la peur.*
- *Trouvez de la joie dans l'apprentissage du leadership.*
- *Trouvez de la joie dans les petites victoires et les petits gains qui sont annonciateurs de votre succès futur.*
- *Trouvez de la joie dans la découverte de cette industrie et d'une compagnie mère qui vous permet de vous associer à elle tout en vous donnant la liberté de rêver, de travailler et de réussir à votre propre rythme.*
- *Trouvez de la joie dans cette industrie qui ne plafonnera jamais votre réussite ou vos gains.*
- *Trouvez de la joie dans ce véhicule et cette stratégie pour réussir qui vous guident tout au long de la voie qui mène à la liberté en ce qui a trait au temps et à l'argent au lieu de vous cantonner dans une vie où cette liberté n'est rien de plus qu'un espoir.*

- *Trouvez de la joie dans le fait d'être vivant.*
- *Trouvez de la joie dans ce voyage vers le succès.*
- *Trouvez de la joie dans le fait d'avoir le courage de vivre selon vos propres conditions.*
- *Trouvez de la joie en qui vous êtes, en là où vous allez et en ce que cela vous apportera.*

Rappelez-vous que vous n'avez pas à « aimer » l'industrie du marketing relationnel pour y évoluer. Mais vous devez l'aimer pour arriver à la destination souhaitée et obtenir ce que vous voulez dans la vie. Si vous comprenez la sagesse de cette leçon d'économie et que vous faites travailler les gens et l'argent pour vous, alors vous comprendrez le simple génie du marketing relationnel. Ensuite, il conviendra de vous poser la question suivante : *Maintenant que je « vois l'occasion », qu'est-ce que je dois faire ?* Puissiez-vous être assez avisé pour « voir l'occasion », la saisir et ne jamais abandonner.

CHAPITRE 10

LA DIGNITÉ CACHÉE DU MARKETING RELATIONNEL

Le marketing relationnel… est une industrie qui offre à ses représentants un second revenu, une seconde carrière, une seconde chance, un second tremplin vers le succès et une seconde occasion d'améliorer leur vie. Mais il y a une chose que le marketing relationnel n'est pas – ce n'est *pas* une industrie de second ordre. C'est une industrie de premier ordre qui a beaucoup plus d'envergure que d'aucuns le pensent.

Bien que le potentiel économique du marketing relationnel soit bien documenté, la dignité de notre industrie passe souvent inaperçue. À mon avis, cette dignité cachée regroupe sept aspects dont il faudrait discuter régulièrement, enseigner constamment et tenir en haute estime. Ils nous rappellent pourquoi les représentants devraient marcher la tête haute, parler avec autorité et être fiers de leur participation dans cette industrie.

LA DIGNITÉ CACHÉE DU MARKETING RELATIONNEL SE TROUVE DANS...

1. Le pouvoir de l'espoir.
2. Les critères d'admissibilité uniques.
3. La liberté qu'apporte le travail à temps partiel.
4. La préparation de la retraite.
5. La réduction du stress.
6. La mise en valeur de talents et d'un potentiel extraordinaires.
7. Le pouvoir sociologique.

1. LE POUVOIR DE L'ESPOIR

Au début, je me sentais ridicule. Je savais que je jouais à un jeu perdu d'avance. J'étais conscient du fait que la probabilité mathématique que j'en sorte victorieux était plus faible que mes chances d'être frappé par la foudre. Mais lorsque j'ai pensé à ce que j'avais à perdre, j'ai compris que je ne mettais que deux éléments en jeu : quelques dollars et quelques heures. Ayant une réserve suffisante de ces deux ressources, j'ai décidé de jouer. Je suis donc monté dans ma voiture, j'ai roulé pendant 30 minutes, j'ai fait la file et j'ai attendu une heure que ce soit à mon tour d'acheter un billet de loterie. Étonnamment, cela s'est révélé l'une des heures les plus rentables de ma vie – non pas parce que j'ai gagné le gros lot du PowerBall s'élevant à 295,7 millions de dollars, mais parce que cela m'a rappelé le pouvoir de l'espoir.

La file d'attente était longue. Les gens étaient venus de toute la région métropolitaine de Washington, D.C. et des États environnants. Un grand nombre d'entre eux s'étaient levés au milieu de la nuit et avaient roulé pendant cinq ou six heures pour acheter un billet de loterie. À l'arrivée, le même scénario se répétait pour la plupart des gens – ils prenaient silencieusement place dans la file d'attente, se préparant à attendre pendant une heure, et puis ils remarquaient que les gens devant eux étaient souriants et optimistes et qu'ils établissaient un contact visuel avec leurs voisins; quelqu'un invitait alors un nouveau venu à participer à la conversation en lui demandant combien de temps son trajet en voiture avait duré, d'où il venait, etc. Et bientôt, presque tous parlaient, se faisaient des confidences et riaient comme de vieux amis – le fait que nous étions originaires des quatre coins du monde et que nous soyons issus de toutes les couches de la société a vite été oublié. La culture, la couleur et le statut économique des gens n'avaient aucun poids dans leur admissibilité à la conversation. Tous étaient les bienvenus. Et lorsque l'un d'entre nous achetait enfin son billet, tous les autres lui souhaitaient bonne chance avant de lui dire au revoir.

En rentrant à la maison, je me suis extasié devant ce que je venais d'observer: le profond impact de l'espoir sur les êtres humains. Du moment où ces individus ont fait la queue à celui où ils ont découvert l'identité du gagnant, ils ont été remplis d'espoir. Pendant un bref instant, leurs rêves ont semblé possibles – et la simple perspective de connaître la liberté financière, aussi lointaine soit-elle, a fait ressortir ce qu'il y avait de meilleur en eux. L'espoir a modifié leur état d'esprit. Il a allégé le poids de leurs soucis. Et il a libéré en eux la capacité de montrer qui ils étaient vraiment: de gentilles personnes au grand cœur, désireuses de rire avec la vie et d'apprécier leur entourage.

Évidemment, la loterie offre un espoir irrationnel, illusoire et éphémère. Étant donné que la plupart des participants le savent, alors pourquoi jouent-ils ? Ils le font parce que l'espoir, aussi infime soit-il, est plus supportable que l'absence d'espoir. Psychologiquement parlant, il y a une grande différence entre ces deux perceptions de la vie. Ayant toujours travaillé comme conseiller à presque tous les paliers personnels de l'interaction humaine, je connais les terribles dommages que le sentiment d'être coincé, piégé et désespéré peut causer dans la vie d'un individu. J'ai également été le témoin du pouvoir transformateur de l'espoir chez l'individu qui le découvre.

Par opposition à la loterie, le marketing relationnel donne un espoir légitime aux gens en leur offrant un *mécanisme* qui peut transformer leurs rêves en réalité. C'est une industrie qui leur permet de participer activement à la concrétisation de ces rêves au lieu de s'en remettre à la chance. En ce qui me concerne, je considère comme un honneur ma participation dans cette industrie.

2. LES CRITÈRES D'ADMISSIBILITÉ UNIQUES

C'était sa première entrevue d'embauche. L'adrénaline coulant à flots, elle tentait de s'éclaircir les idées, de se calmer et de contenir son excitation. Je l'avais conseillée quant à certaines choses qu'elle pourrait dire, faire et demander. Je l'ai conduite au centre commercial, je l'ai accompagnée jusqu'à la boutique de vêtements et je l'ai attendue à l'extérieur. À partir de là, ma fille de 15 ans devait se débrouiller seule. Elle devait rencontrer le gérant de la boutique, se présenter, et penser sans mon aide. Lorsqu'elle est ressortie 30 minutes plus tard, elle m'a lancé « le regard » qui dit « J'ai réussi ! » Nous nous sommes éloignés de la boutique, et puis nous avons ri, nous nous donnions des accolades et des tapes dans la main avant d'aller déjeuner pour fêter ça et revivre chaque détail excitant de son entrevue. Lorsque nous sommes rentrés à la maison, je ne sais lequel de nous deux éprouvait le plus d'excitation et de fierté, elle ou moi – tout ce que je peux dire, c'est que nous avions passé une excellente journée.

Bien entendu, ce ne sont pas toutes les entrevues d'embauche qui se terminent bien. Pour de nombreux individus, la recherche d'un emploi est une source d'humiliation et d'anxiété. L'expérience les laisse impuissants, vulnérables et misérables. Leur âge, leur éducation, leur emploi et leur salaire antérieurs, ainsi que leurs réalisations et leurs aspirations, tout est sujet à la critique des intervieweurs. Et en se fondant sur ces quelques minutes d'entrevue et très peu d'informations, ils décident si le candidat est jugé « digne » de travailler pour leur entreprise à une échelle salariale prédéterminée et qui ne sera jamais revue à la hausse de façon significative.

Dans ce contexte, le marketing relationnel est merveilleusement rafraîchissant. C'est un monde dans lequel les critères d'admissibilité sont vraiment uniques. Ils sont un gage de respect envers les gens. Ils marquent la dignité. Et ils autonomisent au lieu de déresponsabiliser.

Voyez ces différences entre les attentes lors d'une entrevue d'embauche et les critères d'engagement dans le marketing relationnel.

Lors d'une entrevue d'embauche, on veut connaître :	**Dans le marketing relationnel, on veut connaître :**
– la nature de vos diplômes	– l'intensité de vos désirs
– votre formation et votre expérience	– votre sérieux et votre enthousiasme
– votre revenu actuel	– le revenu que vous souhaitez
– vos réalisations antérieures	– vos aspirations
– votre curriculum vitæ	– votre vision
– le résumé de votre vie	– si vous voulez prendre votre vie en main
– ce que vous avez fait	– vos rêves

Les indicateurs de référence traditionnels en matière d'employabilité ont peu de valeur dans l'univers du marketing relationnel. Ici, l'âge, l'éducation, l'historique d'emploi et les références impressionnantes n'ont aucune incidence sur l'admissibilité et le succès. Dans notre industrie, l'épreuve décisive de l'admission et de l'évaluation du potentiel ressemble davantage à un bref bilan de santé. Il suffit d'examiner les yeux, le cœur et les mains. Les yeux pour la clarté de la vision, le cœur pour son degré de passion, et les mains pour les callosités – il faut s'assurer que le candidat n'a pas peur de travailler dur.

La prochaine fois qu'un être cher ira passer une entrevue d'embauche et qu'il se fera dire qu'il n'est pas qualifié, prenez le temps d'observer l'impact de ce constat sur son sentiment de sécurité, son estime de soi et sa joie – et puis vous comprendrez encore mieux pourquoi j'apprécie la dignité cachée du marketing relationnel.

3. LA LIBERTÉ QU'APPORTE LE TRAVAIL À TEMPS PARTIEL

Mary était bien mise. Elle voulait mettre toutes les chances de son côté pendant l'entrevue. Elle savait qu'elle était parfaitement qualifiée pour le poste. Et comme prévu, l'entrevue se déroulait très bien. Mary sentait que Leslie, l'intervieweuse, l'aimait bien et souhaitait qu'elle entre au service de son entreprise. Finalement, Leslie lui a présenté une offre, et Mary a précisé quelques-unes de ses exigences.

Premièrement, elle a dit qu'elle souhaitait travailler à temps partiel. Leslie a été prise de court, mais elle s'est vite ressaisie et a dit à Mary qu'elle aurait préféré une employée à temps plein, mais qu'elle lui permettrait de travailler à mi-temps parce qu'elle correspondait exactement à ce qu'elle cherchait.

Enhardie, Mary a commencé à exposer ses conditions d'emploi plus en détail. Elle voulait travailler à temps partiel, mais le nombre d'heures qu'elle travaillerait chaque semaine varierait en fonction de ses autres champs d'intérêt et de ses responsabilités. Certaines semaines, elle pourrait travailler 20 heures, et d'autres seulement 3. De plus, non seulement le nombre d'heures varierait-il, mais aussi *le moment* de la journée où elle se consacrerait au travail. Elle a expliqué que, certains jours, elle ne travaillerait que pendant la matinée, et d'autres peut-être au milieu de l'après-midi, ou encore le soir. Grâce à la technologie moderne, avait-elle ajouté, elle voulait travailler de la maison plutôt qu'au bureau. Elle ne voyait pas la nécessité de se déplacer chaque jour, ce qui était clairement une utilisation inefficace de son temps et de son énergie.

Ensuite, elle a dit à Leslie qu'elle ne cherchait qu'à gagner quelques centaines de dollars par mois en guise de revenu supplémentaire. Elle ne visait pas à faire carrière et elle ne voulait pas que cet emploi prenne toute la place dans sa vie. Elle avait d'autres intérêts et priorités. Connaissant ses compétences, toutefois, elle a ajouté qu'elle *voulait* bénéficier d'une option de revenu illimité et de tâches liées au leadership au cas où elle déciderait de prendre cet emploi plus au sérieux un peu plus tard. Finalement, Mary a mentionné qu'elle voulait choisir le moment où elle prendrait ses vacances, tout dépendant de l'emploi du temps de sa famille.

> **« Le marketing relationnel offre aux gens un mécanisme qui leur permet de voir leurs espoirs se transformer en réalité. »**

Leslie a tenté de cacher sa perplexité. Elle a dit à Mary qu'elle allait réfléchir à ses exigences et qu'elle communiquerait avec elle quelques jours plus tard.

Après le départ de Mary, Leslie a été incapable de se retenir. Elle a appelé plusieurs de ses collègues de la haute direction et leur a parlé de l'entrevue. Ils ont tous bien ri des attentes ridicules de cette femme. Imaginez quelqu'un qui veut travailler de la maison, un nombre variable d'heures par semaine et à n'importe quel moment de la journée ! Imaginez quelqu'un qui ne veut pas que son travail interfère avec ses champs d'intérêt et ses priorités ! Imaginez quelqu'un qui pose sa candidature à un poste et qui admet ouvertement ne souhaiter qu'un revenu supplémentaire et refuser que son emploi devienne sa principale préoccupation ! Imaginez quelqu'un qui pense que l'on peut travailler à mi-temps, mais tout de même avoir la possibilité de toucher éventuellement un revenu illimité et de jouer un rôle de leader s'il en manifeste le désir ! Plus ces dirigeants parlaient des conditions d'emploi exigées par Mary, plus ils riaient. Finalement, ils sont tous retournés dans leur bureau, souhaitant secrètement que ce que Mary cherchait puisse exister dans le monde réel.

En rentrant chez elle après l'entrevue, Mary a ouvert son portable et a appelé Julie, une bonne amie. Il était clair aux yeux de Mary que sa candidature ne serait pas retenue. Son compte rendu de l'entrevue et de ses exigences les ont beaucoup amusées. Elles riaient tellement que Mary a dû se ranger en bordure de la route. Elles savaient quel effet avait fait la candeur de Mary, et qu'il n'y avait qu'un seul milieu de travail où toutes les conditions de Mary seraient respectées, acceptées et considérées comme tout à fait normales : le marketing relationnel.

4. LA PRÉPARATION DE LA RETRAITE

John ne comprend pas encore ce qui est arrivé. Il attendait d'effectuer un virage à gauche à une intersection très achalandée et le soleil l'aveuglait. Il a donc regardé attentivement avant d'avancer. Certain qu'aucune voiture ne venait en sens inverse, il a tourné à gauche. Et puis, il s'est réveillé à l'hôpital. Sa voiture avait été heurtée par le travers par un camion qu'il n'avait pas vu venir.

Pour de nombreux individus, c'est à cela que ressemble la préparation de la retraite. Ils ont « essayé » de prendre les mesures nécessaires ; ils savaient que le moment approchait, mais elle leur paraissait encore à une distance raisonnable ; et puis, horrifiés, ils réalisent qu'elle sera là beaucoup plus rapidement que prévu. Ils sont incapables de libérer la voie et trois réalités les heurtent par le travers : le temps passe plus vite qu'on ne le croit ; la retraite approche à grands pas ; et ils ne sont pas financièrement prêts pour cette arrivée qui leur semble soudain bien hâtive.

Le marketing relationnel offre une solution pratique à qui se trouve dans cette situation fâcheuse. Les individus qui assurent efficacement la croissance de leur entreprise peuvent rattraper le temps perdu en quelques années seulement. Ils peuvent créer un revenu résiduel qui leur permettra de se préparer à la retraite sans la redouter et sans avoir à travailler plus longtemps qu'ils ne le souhaitent. J'ai beaucoup de respect pour l'impact qu'un revenu supplémentaire de l'ordre de 400 $ ou 4 000 $ par mois peut avoir sur la qualité de vie d'un retraité. Pour certains, cela fait la différence entre devoir continuer à travailler après l'âge normal de la retraite ou non, entre garder leur maison ou la vendre ; cela peut garantir des soins médicaux appropriés ou leur donner les moyens de profiter de la vie et d'éviter la pauvreté.

Jim avait une quarantaine d'années lorsqu'il s'est engagé à temps partiel dans l'industrie du marketing relationnel. Il avait une bonne carrière et un emploi plutôt bien rémunéré. Je lui ai donc demandé ce qui l'avait motivé à se lancer. Il a ri et a dit : « J'aime mon travail et je touche un bon salaire, mais je travaille selon la formule 40-40-40. Cela représente 40 heures de travail par semaine pendant 40 ans. Ainsi, je prendrai ma retraite avec des prestations de 40 % de ce que j'ai toujours gagné, et sans changer mon mode de vie de façon radicale ! » Jim est un homme sage.

5. LA RÉDUCTION DU STRESS

Un record non enviable appartient actuellement aux Américains : ils travaillent plus que tout autre peuple au monde. La moyenne d'heures travaillées par année est de 1 965. Par conséquent, le stress joue un rôle de plus en plus grand dans la vie de nombreux individus – que l'on songe aux maladies cardiaques, au vieillissement prématuré, à la santé déclinante, à la rage au volant, aux relations tendues entre conjoints ou à la qualité de vie en général. Il n'est pas nécessaire que j'expose ici des données statistiques ou les résultats des dernières recherches pour que vous compreniez l'impact du stress. Votre propre vie vous permettra d'observer comment un stress accru peut modifier vos réactions dans des situations de tous les jours.

Imaginez que votre voiture vous coûte 750 $ à la suite d'un bris mécanique et que deux scénarios sont possibles. Dans le premier, vous avez 200 $ dans votre compte chèques et vous n'avez pas tellement envie de grossir le solde de votre carte de crédit. Dans le second, vous avez 7 000 $ à la banque et aucune dette de crédit. Comment chacun de ces scénarios influera-t-il sur votre réaction ? Dans l'un, une facture inattendue de 750 $ représente un problème majeur qui ne fait qu'accentuer un sentiment de grande tension. Dans l'autre, elle n'est qu'une contrariété que vous acceptez comme faisant partie de la vie. Vous payez la facture et vous n'y repensez plus.

Imaginez que votre enfant de quatre ans vient de renverser son verre de lait pour la troisième fois depuis le début du repas. Dans un premier scénario, vous avez eu une journée difficile. Vous êtes fatigué, frustré et stressé par beaucoup de choses. Vous êtes vidé. Dans un deuxième scénario, vous êtes un peu fatigué, mais pas épuisé sur le plan émotionnel ou physique. Votre état d'esprit influera-t-il sur la façon dont vous réagirez à ce troisième dégât ?

Imaginez que vous avez un rendez-vous très important. Vous avez couru toute la journée. Vous êtes parti à la dernière minute, la circulation est lente et il semble que le feu passe au rouge dès que vous approchez d'une intersection. Maintenant, imaginez que la journée s'est bien déroulée, que vous avez amplement le temps de vous rendre à votre rendez-vous même si la circulation est lente. Réagissez-vous différemment dans ces deux situations ?

Nous sommes généralement bien conscients de la présence du stress dans notre vie. Mais il est facile d'oublier qu'il

- Le stress amenuise notre sens de l'humour et notre habileté à voir le bon côté des choses.
- Le stress amoindrit notre patience, notre faculté à résoudre les problèmes et à faire preuve de leadership.
- Le stress nous rend moins enjoués.
- Le stress nous rend moins aptes à servir les autres.
- Le stress nous rend moins courtois ou compréhensifs.
- Le stress diminue notre habileté à aimer et à pardonner.
- Le stress influe négativement sur notre façon d'être et sur nos accomplissements.

a un *impact* sur nous. Le stress cause la maladie et réduit notre habileté à la combattre. Mais avant cela, il a eu le temps de nous nuire de façons plus insidieuses.

Bref, lorsque le stress est trop intense pendant trop longtemps, il change les gens. Les plus belles facettes de leur personnalité, de leur caractère, de leur talent et de leur comportement peuvent disparaître. Bien que des observateurs remarquent fréquemment cette transformation négative, ils se sentent souvent impuissants et ignorent comment éliminer ce stress. Ils tentent simplement de faire face à la situation en espérant qu'elle revienne d'elle-même à la normale.

Pourquoi des individus qui ont réussi haut la main quittent-ils en si grand nombre des postes prestigieux dans le secteur privé pour créer leur entreprise de marketing relationnel ? Ils veulent jouir d'une bonne qualité de vie, ils veulent retrouver la capacité de sourire à la vie, ils veulent exercer un contrôle sur leur temps, et ils savent que tout cela est possible dans l'univers du marketing relationnel. C'est l'un des aspects de la dignité cachée de cette industrie.

6. LA MISE EN VALEUR DE TALENTS ET D'UN POTENTIEL EXTRAORDINAIRES

Lorsque je voyage à travers le pays pour donner des conférences, il n'est pas rare que des professionnels de la santé mentale me demandent pourquoi je ne pratique plus à temps plein dans un cabinet privé. Ma réponse comprend généralement deux volets. Premièrement, je leur dis que je suis passé du privé au « public » – que je suis heureux d'être en mesure d'influer sur la vie d'un grand nombre de gens en tant qu'orateur et écrivain. Deuxièmement, je leur explique pourquoi j'adore enseigner à des entrepreneurs qui évoluent dans l'industrie du marketing relationnel.

Dans un cabinet privé, on prend connaissance des luttes très personnelles que livrent les patients. N'importe quel bon clinicien fera preuve d'empathie et de compassion, et donnera à ses patients des conseils visant à gérer efficacement leur situation. Mais lorsque quelqu'un est stressé parce qu'il a été victime d'une réduction des effectifs, qu'il se heurte au « plafond de verre » ou qu'il a un patron qui l'exploite, alors qu'il est merveilleux, doué et très compétent, mais sous-payé et sous-estimé, je veux faire plus que l'écouter et l'outiller pour faire face à la situation. Je veux lui proposer des solutions pratiques. Des milliers d'individus qui vivent cette réalité n'ont pas besoin de thérapie. Ils ont besoin d'un véhicule qui les ramènera dans le jeu de la vie.

Que conseille-t-on à des individus qui n'ont jamais fréquenté l'université, ou encore qui n'ont pas terminé leurs études secondaires ? Un rapide coup d'œil à leur curriculum vitæ donne l'impression qu'ils manquent d'intelligence, de talent ou d'ambition. Par conséquent, ils sont vite ignorés sur le marché du travail. On suppose qu'ils ne sont qualifiés que pour des emplois au salaire minimum. Ils ne sont même pas reçus en entrevue préliminaire même s'ils ont souvent d'excellentes raisons pour expliquer pourquoi ils n'ont pas de diplômes d'études secondaires ou universitaires – des raisons qui n'ont rien à voir avec leur caractère, leur éthique du travail ou leurs capacités intellectuelles. Par exemple, un enfant a de la difficulté à se concentrer à l'école s'il a faim, s'il manque de sommeil parce qu'il doit travailler pour épauler sa famille, ou s'il est traumatisé par un climat familial chaotique.

> **« Ils ont besoin d'un véhicule qui les ramènera dans le jeu de la vie. »**

Que conseille-t-on à ces « retardataires » qui n'ont pas un bagage traditionnel ? Ils ont énormément de talent, ils veulent exceller, mais personne ne leur donne une chance parce que leurs résultats scolaires étaient mauvais. Ces notes reflètent peut-être un retard dans l'acquisition de connaissances, mais ne mesurent en rien l'intelligence ou la bonne volonté.

Que conseille-t-on à ces individus qui ont grandi dans une famille où l'éducation n'était pas valorisée ni supervisée ? Et à ceux qui sont extraordinairement intelligents et que la lenteur du rythme d'apprentissage dans le système d'éducation traditionnel a empêchés de demeurer mentalement stimulés et qui ont « tourné le dos » au processus d'apprentissage ? Et à ceux qui souffrent d'un trouble déficitaire de l'attention et qui, malgré leur intelligence, trouvent extrêmement difficile de se concentrer ? Et à ceux qui sont particulièrement brillants, mais qui obtiennent de piètres résultats ou qui ressentent une grande anxiété lorsqu'ils passent un examen ? Et à ceux dont le véritable génie n'est jamais détecté par les tests d'intelligence standards ?

> **« Le marketing relationnel n'écarte pas les individus très compétents, il les accueille. »**

Dans chacun des cas énumérés ci-dessus, on constate deux tragédies. Premièrement, ces individus sont régulièrement rejetés et n'ont aucun accès à des carrières professionnelles ou bien rémunérées. On ne leur donne même pas la chance de sentir le succès, et encore moins d'y goûter. Deuxièmement, et c'est beaucoup plus important, un grand nombre d'entre eux finissent par se juger et concluent à tort qu'ils ne sont *pas* intelligents ou compétents. Ils se mettent à douter d'eux-mêmes et à se déprécier. Et ceci détruit leur confiance en soi, leurs espoirs et leurs ambitions. Cette attitude trouve son origine dans leurs premières expériences de vie qui, en fait, ne sont en rien révélatrices de leurs véritables talents, désirs et potentiel.

Que conseille-t-on à ces individus qui sont restés à l'écart du marché du travail pendant des années parce qu'ils élevaient leurs enfants, aidaient leurs parents âgés ou s'adonnaient à autre chose qu'un emploi traditionnel ? Devons-nous interpréter cette absence comme un manque d'ambition ou de compétence ? Devons-nous conclure qu'ils ne peuvent qu'accomplir des tâches subalternes ? Devons-nous ne pas tenir compte du talent qui dort en eux ?

Que conseille-t-on à ces individus qui ont été victimes d'une réduction des effectifs à l'âge de 40 ou 50 ans ? Et à ceux qui sont âgés de 60 ans et qui sont toujours pleins d'énergie, de détermination et qui veulent être productifs ? Parmi eux se trouvent certains des travailleurs les plus expérimentés, fiables et compétents que l'on puisse trouver sur le marché du travail. Pourtant, ils sont souvent victimes de discrimination à cause de leur âge.

En tant qu'analyste d'entreprise et conseiller auprès de cadres, je travaille souvent auprès de sociétés point-com.

Je suis émerveillé par cette industrie et j'accueille avec joie les changements phénoménaux qu'elle apporte dans le monde, mais je me demande également ce qui arrive aux gens dont la profession, la carrière et le gagne-pain disparaissent à cause de ces nouvelles technologies. C'est une chose que de parler de la nécessité pour eux de se « réoutiller », mais c'en est une autre lorsqu'ils doivent en même temps travailler à temps plein, qu'ils sont financièrement pris à la gorge et qu'ils souhaitent conserver un semblant d'équilibre personnel. Dans ces circonstances, il n'est pas simple de retourner sur les bancs d'école et d'apprendre des habiletés entièrement nouvelles dans le but de demeurer compétitif sur le marché du travail.

Ces individus ont besoin d'une arène dans laquelle ils verront leurs talents utilisés, leurs habiletés appréciées, leur valeur rémunérée et leurs rêves concrétisés. Les services d'orientation ne peuvent leur donner ça. Le marketing relationnel le peut et le fait. Si vous passez un peu de temps avec le genre de personnes dont je viens de parler, vous verrez rapidement quelles incroyables contributions au marché du travail sont couramment passées sous silence. Le marketing relationnel n'écarte pas les individus très compétents – il les accueille – et c'est l'aspect de cette industrie que je préfère.

7. LE POUVOIR SOCIOLOGIQUE

Deux pas en avant, un pas en arrière. Parfois, le progrès social semble terriblement lent. Mais il y a un groupe d'individus qui a un impact plus important que n'importe quel programme développé par une agence gouvernementale ou éducative – et ce sont les individus qui évoluent dans l'univers du marketing relationnel.

Regardez bien autour de vous la prochaine fois que vous assisterez à une réunion de votre entreprise de marketing relationnel où se trouvent réunies plusieurs centaines de personnes. Oubliez les affaires et contentez-vous d'observer ce qui se passe. Remarquez les manifestations d'amitié, le plaisir, la confiance et l'ouverture qui caractérisent ce groupe. Regardez les individus qui le composent et faites votre propre analyse démographique. Vous verrez des gens de tous âges et couleurs, provenant de diverses collectivités, nationalités et cultures. Vous verrez des gens venus des quatre coins de la ville et des quatre coins du monde qui se réunissent, discutent et se lient d'amitié. Vous verrez des gens qui sont aux antipodes les uns des autres se rassembler, peu importe leur éducation, leur situation financière et leur emploi. Fréquentez-les assez longtemps et vous les verrez travailler, jouer, voyager, manger et rêver ensemble. Vous les verrez s'apprécier les uns les autres et développer entre eux une authentique confiance.

Ceci se passe si naturellement dans l'industrie du marketing relationnel qu'il est facile de ne pas faire attention à la nature extraordinaire de ce qui s'y joue. La plupart des gens qui y évoluent auraient très bien pu vivre à quelques kilomètres de distance sans jamais se rencontrer. Mais le marketing relationnel favorise les rencontres et les gens font sans cesse de nouvelles connaissances et apprennent à se connaître, à s'aimer et à se respecter. C'est un autre aspect de la dignité cachée de cette industrie qui peut transformer toute une vie.

CROYEZ EN VOTRE ENTREPRISE

Le marketing relationnel cache une grande dignité. Développez votre entreprise avec fierté. Avec confiance. Avec assurance. Avec dignité.

CHAPITRE 11

DE LEADER À LEADER

Au cours du processus de *constitution* d'une équipe, il arrive parfois que nous oublions de nous arrêter et de réviser ce que signifie réellement *diriger* une équipe. Vous trouverez ci-après un aide-mémoire qui vous aidera dans votre rôle de leader. Si votre entreprise est modeste ou si vous n'occupez pas encore un poste de leadership, lisez quand même ce qui suit – il n'est jamais trop tôt pour penser et travailler comme un leader.

En tant que leader, vous devez avant tout aider les représentants de votre entreprise à gérer leur vision, leurs habiletés et leur motivation. Ils ont besoin de vous pour rester concentrés et sur la bonne voie, et pour accroître constamment leurs compétences et leur confiance. Les membres de votre équipe ont donc besoin que vous prêchiez par l'exemple.

Vous devez être un modèle de rôle relativement à l'anticipation positive, aux espoirs réalistes, au travail acharné et au leadership solide.

AFFICHEZ UNE ATTITUDE FAITE D'ANTICIPATION POSITIVE

L'anticipation positive est alimentée par la croyance selon laquelle les problèmes peuvent être résolus, le succès est inévitable et les efforts requis pour créer une entreprise de marketing relationnel prospère en valent la peine. C'est l'une des plus grandes qualités que vous puissiez montrer. Elle diffuse autour de vous une aura d'espoir et d'optimisme.

Les membres de votre équipe se lasseront parfois d'attendre que leurs rêves deviennent réalité. Leur entreprise se développera plus lentement que prévu. C'est une expérience que vivent tous les entrepreneurs du monde, mais étant donné que de nombreux représentants n'ont jamais créé ni dirigé une entreprise, ils ne le savent pas. Lorsque leur vision sera obscurcie et que leur confiance faiblira, ils puiseront de la force dans la clarté de votre vision et la confiance que vous manifestez. Parfois, votre croyance sera la seule chose qui les fera persévérer. Assurez-vous qu'ils voient en vous une grande conviction, une vision claire et une volonté de fer.

Si vous avez tendance à voir le monde comme un lieu négatif où le ciel vous tombe sur la tête, où votre verre est à moitié vide et où les bonnes choses ne durent jamais, soyez conscient que cette attitude tue l'optimisme et le dynamisme. Les bons leaders ne polluent pas le terreau de l'espoir qui produit les rêves, l'ardeur et le succès. Ils le fertilisent plutôt avec un élément vital du leadership efficace… l'anticipation positive.

RÉPANDEZ DE L'ESPOIR, ET NON DES ILLUSIONS

Une attitude faite d'anticipation positive diffère énormément des fausses attentes que l'on peut répandre autour de soi. Il est parfait d'afficher vos attentes en matière de succès, de stimuler l'imaginaire des gens et de leur inspirer une vision, mais ne vous laissez pas prendre au piège en leur donnant de *faux* espoirs qui seront inévitablement anéantis.

Dans l'univers du marketing relationnel, si « nous vivons par le glaive, nous périrons par le glaive ». Si nous attirons des gens dans notre entreprise en créant des attentes irréalistes à propos du temps, des efforts et de l'endurance qu'il faut investir pour réussir, nous les vouons à la frustration, à la confusion et à la déception. *Plus grand est l'écart entre les attentes d'un participant et ce qu'il récolte, plus il risque d'être désenchanté, découragé et de tout laisser tomber.* Et tout cela parce que quelqu'un les a bercés d'illusions au lieu de leur donner un véritable espoir.

Assurez-vous de ne pas avoir inconsciemment fait des promesses que notre industrie ne peut pas tenir. Lorsque les gens se demandent s'ils peuvent gagner des sommes précises en une période de temps donnée – 2, 6, 12, 24 mois, etc. –, il est utile de leur conseiller de modérer leurs attentes. Vous pourriez leur montrer l'échelle de probabilité suivante et les aider à déterminer où se situent leurs attentes, tout dépendant du revenu qu'ils espèrent toucher et des efforts qu'ils sont prêts à fournir :

Échelle de probabilité en fonction du revenu désiré

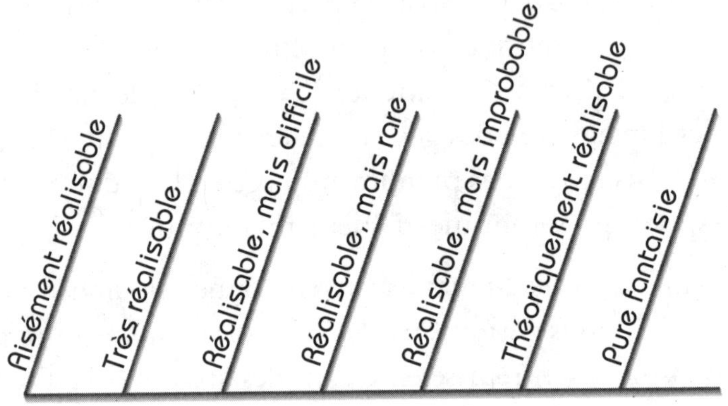

Récemment, le propriétaire d'une entreprise de marketing relationnel m'a demandé d'évaluer comment se comportaient réellement ses représentants sur le terrain. Lors d'un tour de table, un représentant très prospère a pris la parole. Il a dit en riant : « Je mens aux gens à propos de l'argent qu'ils peuvent gagner en peu de temps, et puis je rentre à la maison et j'ai des remords. » J'ai eu un mouvement de recul. Le pouvoir et le potentiel de notre industrie ne doivent pas être enveloppés d'illusions. Ils doivent tout simplement être expliqués.

Aussi, ne tombez pas dans le piège qui consiste à gonfler vos revenus. Ne faites pas semblant de « réussir haut la main ». Ceci fait non seulement naître de faux espoirs chez les autres, mais vous vivez alors dans le mensonge. J'ai souvent rencontré des gens qui avaient créé une entreprise de marketing relationnel pour se débarrasser de leurs dettes et cesser de vivre au jour le jour, mais qui, au moment où ils commençaient à gagner de l'argent, voulaient *paraître prospères*. Ils achetaient des voitures de luxe, de nouvelles maisons et d'autres biens qu'ils croyaient associés à la réussite.

En définitive, ces achats n'ont pas augmenté leur plaisir ; ils n'ont fait qu'accroître leur fardeau financier ! Cela les a ramenés là où ils étaient au départ : fauchés, endettés et stressés. Rappelez-vous que vous ne vous êtes pas lancé dans cette industrie pour vous endetter encore plus ou pour augmenter la tension sur le plan financier. Faire preuve de sagesse et l'enseigner aux représentants de votre lignée descendante sera beaucoup plus avantageux que de prétendre connaître une réussite qui n'est pas réelle.

TIREZ UN ENSEIGNEMENT DU RÉSEAU INTERNET

La Toile a une valeur inestimable pour notre industrie. Bien que les entreprises de marketing relationnel et leurs représentants s'empressent d'utiliser la technologie, on peut aisément ne pas remarquer les similitudes entre ces deux industries. (Soit dit en passant, les entrepreneurs qui évoluent dans la communauté Internet se qualifient souvent eux-mêmes de « netpreneurs ». Ce terme me plaît et on devrait l'employer pour désigner les entrepreneurs du marketing relationnel ! Pourquoi n'y avons-nous pas songé ?)

QU'ONT EN COMMUN LES ENTREPRISES DE MARKETING RELATIONNEL ET LE RÉSEAU INTERNET ?

- Les deux industries transforment le monde des affaires traditionnel.
- Les deux industries ont un impact à l'échelle mondiale.
- Les deux industries établissent de nouvelles règles dans le monde du travail.
- Les deux industries attirent des individus intelligents, compétents et créatifs.
- Les deux industries attirent naturellement des entrepreneurs.
- Les deux industries réinventent le mode de rémunération des participants.
- Les deux industries offrent un potentiel de récompenses financières supérieur à ce qui est la norme dans le monde du travail traditionnel.
- Les deux industries attirent des gens qui acceptent de travailler dur en échange d'un revenu initial modeste dans le but ultime d'accéder à la liberté financière.

Réfléchissez au dernier point : … *des gens qui acceptent de travailler dur en échange d'un revenu initial modeste dans le but ultime d'accéder à la liberté financière.* « Vingt-quatre/sept » est une expression courante dans le monde de l'Internet, surtout au sein des entreprises en démarrage. Elle fait référence à la volonté collective de travailler 24 heures par jour, 7 jours par semaine, afin d'atteindre des buts bien précis. Dans la communauté Internet, les participants sont prêts à travailler un nombre incalculable d'heures en échange d'une modeste rémunération à leurs débuts. Pourquoi ? Parce qu'ils acceptent le risque d'investir temps et efforts dans l'espoir de récolter les fruits de leur labeur sous forme d'actions dans l'entreprise.

> **« Ne vendez pas des illusions. Offrez de l'espoir. »**

Et c'est précisément ce que nous faisons dans l'industrie du marketing relationnel. Nous choisissons d'investir massivement notre temps et nos efforts à nos débuts en espérant devenir prospères un jour. En tant que leader, vous devez faire comprendre le mécanisme de cette stratégie aux membres de votre équipe – et ensuite les aider à la *mettre en œuvre* ! Ne vendez pas des illusions. Offrez de l'espoir. Et puis prêchez par l'exemple en adoptant une mentalité positive et une solide éthique du travail.

UTILISEZ JUDICIEUSEMENT VOTRE TEMPS

Les leaders ont souvent de la difficulté à répartir leur temps parmi les membres de leur lignée descendante. Ils se demandent : *Devrais-je consacrer le même nombre d'heures à tous ceux qui me le demandent ? Suis-je censé être constamment disponible ? Combien de temps devrais-je consacrer à chacun ? À quelle fréquence ?* Ce sont des questions importantes. Je traiterai de ce sujet de façon plus approfondie dans un autre ouvrage exclusivement consacré au leadership dans l'industrie du marketing relationnel. Mais pour l'instant, rappelez-vous ceci : votre temps et votre énergie sont limités.

Ne consacrez pas de longues périodes de temps, sans discernement, à chaque personne qui souhaite bénéficier de votre expertise. Cela vous épuiserait, surtout si votre entreprise est en pleine expansion. Donnez le meilleur de votre temps aux représentants qui veulent vraiment réussir et apprendre, à ceux en qui vous voyez un potentiel de leadership, et à ceux qui sont déjà des leaders.

En tant que leader, vous devez offrir un soutien *professionnel*, et non pas devenir un système de survie. Vous dirigez une entreprise, et non pas un service de consultation. Soyez prudent avec ceux qui veulent que vous les aidiez avec les affaires de la vie au lieu de la vie de leurs affaires. Ces individus peuvent monopoliser le temps et l'énergie que vous devriez consacrer à ceux qui sont prêts à apprendre, à se lancer et à s'épanouir. Bref, les individus qui ont trop besoin de vous peuvent devenir trop gourmands lorsqu'il s'agit de votre temps et de vos conseils. Ils vous siphonneront. Il est de votre responsabilité d'apprendre à limiter le temps que vous leur consacrez. Soyez aimable, mais cessez de gaspiller de précieuses minutes au téléphone ou en tête à tête avec eux.

APPRENEZ À DÉLÉGUER

Je vois souvent des leaders qui se tuent à la tâche en tentant de régler eux-mêmes chaque petit détail d'une importante réunion, même lorsque plusieurs membres de leur équipe seraient heureux et capables de les aider. En tant que leader, cherchez des occasions de donner aux *autres* des responsabilités qui leur permettront d'accroître leurs compétences et leur confiance en eux. Vous aurez ainsi le temps de vous consacrer à ces tâches que vous seul pouvez accomplir.

Pour ce faire, il suffit d'apprendre à déléguer. Ne tentez pas de tout régenter. N'ayez pas de réticence à confier des tâches à quelqu'un d'autre de crainte que cette personne ne l'accomplisse pas aussi bien ou de la même façon que vous. Plus vous préparerez les membres de votre équipe à faire preuve de leadership, plus rapidement votre entreprise grandira et trouvera une vie qui lui est propre.

Le leadership est un honneur et un privilège. Mais le leadership ne doit pas vous servir à combler vos besoins. Faire preuve de leadership, c'est vous concentrer sur les besoins de ceux qui vous entourent. Il arrive que des « leaders » utilisent le feu des projecteurs pour combler leurs besoins personnels. C'est l'un des comportements les plus destructeurs que l'on puisse constater en milieu de travail, incluant les entreprises de marketing relationnel. Ces individus ont *besoin* d'être à l'avant-scène, de diriger et d'être reconnus lors de chaque événement auquel ils participent. Ils ont besoin d'être le « point de mire ».

« Donnez aux autres des louanges, de l'attention, de l'approbation et de la considération. »

Au lieu de vous placer sous les projecteurs, apprenez à avoir suffisamment confiance en vous pour chercher des moyens de non seulement vous en écarter, mais aussi d'y placer les autres. Restez à l'affût d'occasions de donner des louanges, de l'attention, de l'approbation et de la considération aux membres de votre équipe.

Récemment, j'ai entendu l'histoire d'une femme qui, pendant toute sa vie, a cédé aux autres le privilège de recevoir des éloges et de la reconnaissance. Des anecdotes ayant marqué son existence ont été racontées dans la joie et la tristesse lors de ses funérailles. L'une d'elles m'a particulièrement remué. Une infirmière qui s'était occupée d'elle avait pleuré à chaudes larmes en apprenant sa mort. Lorsqu'on lui avait demandé pourquoi elle était si attachée à cette femme atteinte de la maladie d'Alzheimer qu'elle avait soignée si gentiment, elle a raconté son histoire. Ayant perdu la mémoire, elle n'avait aucun souvenir de choses qu'elle avait dites quelques minutes seulement auparavant. Par conséquent, chaque fois que l'infirmière entrait dans sa chambre, la patiente lui disait: « Oh ma chère, quelqu'un vous a-t-il déjà dit à quel point vous êtes jolie? » La maladie lui avait peut-être volé sa mémoire, mais elle n'a jamais détruit cette habitude de toute une vie de donner aux autres éloges et reconnaissances. Certaines personnes appelaient Evelyn cette femme exceptionnelle. D'autres la nommaient Evy, et d'autres encore Eve. Moi, je l'appelais maman.

FAITES PREUVE D'UN LEADERSHIP SOLIDE

Nous avons vu plus tôt ce que signifie trouver sa voie et être un « ACE ». Il est extrêmement important que vous appreniez à parler avec autorité, conviction et enthousiasme à mesure que votre rôle de leader s'affirme. Mais n'oubliez pas que les grands leaders apprennent à le faire tout en s'adressant également aux autres avec respect. Ils exercent leur leadership sans humilier ni insulter. Toutefois, les individus peu sûrs d'eux qui sont en position de leadership oublient parfois ceci. Et souvent, la conduite des leaders qui manquent d'assurance est loin d'être celle d'un « ACE ». Ne faites pas cette erreur. Ayez suffisamment confiance en vous pour quitter le feu des projecteurs et déléguer vos pouvoirs.

TROUVEZ VOTRE RYTHME

Parfois, les leaders qui évoluent dans l'industrie du marketing relationnel donnent tellement aux autres qu'ils oublient l'importance de mesurer leurs propres efforts. Alors qu'ils aident les autres à gérer leur vision, leur talent et leur motivation, il est facile pour les leaders d'oublier de s'occuper d'eux-mêmes. Ils font trop d'efforts pour en faire trop. Mais vous ne pouvez pas tout faire seul. Vous ne pouvez pas aider, servir et diriger tout le monde tout en plaisant à chacun. Cela ne vaut pas la peine de vous dévouer autant pour votre équipe si vous vous négligez et négligez votre famille.

> **« Apprenez à vous réserver du temps qui sera non négociable et profitez de ces moments avec votre famille. »**

Pour trouver votre rythme, apprenez à vous réserver du temps qui sera non négociable et profitez de ces moments avec votre famille. Prenez l'habitude de garder pour vous des moments bien précis chaque jour, des journées chaque mois, et des événements spéciaux chaque année qui feront office de points d'ancrage personnels et familiaux. Faites-en des moments intouchables, sauf en cas d'extrême urgence. Lorsqu'on vous demande de vous adresser à un groupe, de participer à une conférence à trois ou de rencontrer « un nouveau prospect très prometteur qui pourrait remporter un vif succès » pendant ces moments que vous vous êtes réservés, donnez-vous la permission d'expliquer pourquoi vous n'êtes pas disponible. Affirmez-vous, fixez des limites et trouvez un autre moment. Est-ce facile ? Non. Est-ce nécessaire ? Oui. Votre ordinateur, votre téléavertisseur et votre téléphone cellulaire ont tous un bouton d'arrêt. Utilisez-le ! Cela vous aidera à garder votre élan à long terme.

Comment déterminer quand il faut travailler d'arrache-pied et quand il importe de souffler un peu ? Dans ce chapitre, j'ai mentionné des concepts qui semblent contradictoires (par exemple, j'ai dit que vous deviez être prêt à travailler 24/7 et *éviter* de travailler 24/7). Pour prendre une décision judicieuse à cet égard, il est utile de considérer ce que je rappelle souvent à des entrepreneurs qui œuvrent dans le domaine du réseau Internet et du monde des affaires : la différence entre un *mode de vie*, une *saison dans la vie* et un *bout de chemin*.

Certaines personnes ont un *mode de vie* axé uniquement sur le travail. Ce sont des bourreaux de travail à qui échappe toute notion d'équilibre ou de rythme. Le travail est leur principale préoccupation et une grande joie dans leur vie. Tout le reste est relégué au second plan et souvent considéré comme un inconvénient difficilement tolérable.

Une *saison dans la vie* est une longue période de temps ayant un début et une fin, et pendant laquelle énormément de temps est consacré à une tâche ou à un objectif en particulier. Par exemple, c'est ce que vivent les étudiants universitaires. Ils choisissent sciemment une vie « déséquilibrée » pendant un certain temps – de deux à quatre ans –, car ils savent qu'il s'agit d'un investissement de temps et d'efforts dont ils bénéficieront jusqu'à la fin de leurs jours.

Le concept de saison dans la vie est très important pour les entrepreneurs qui évoluent dans l'industrie du marketing relationnel. La création d'une entreprise prospère nécessite un investissement de temps, de détermination et de concentration. Tout comme un avion à réaction brûle beaucoup plus de carburant au moment du décollage qu'à 1 500 mètres d'altitude, votre entreprise aura besoin de beaucoup de « carburant » au début. Mais n'oubliez pas que cela ne durera qu'une saison – attention à ne pas vivre à ce rythme de façon permanente ! Lorsque vous atteignez votre altitude de croisière et que vous vous amusez, prenez un peu de recul et jouissez de votre succès.

Un *bout de chemin* est une brève période de temps pendant laquelle on s'attelle de façon intensive à une seule tâche en ne pouvant espérer connaître l'équilibre dans les autres domaines de la vie. C'est comme un sprint de 800 mètres – une fois parti, on ne s'arrête qu'après avoir franchi la ligne d'arrivée. Parfois, vous devrez « sprinter » pendant plusieurs jours ou plusieurs semaines, mais n'en faites pas un *mode de vie*. Cela vous épuiserait et exaspérerait vos proches qui souhaitent passer du temps avec vous.

Pendant votre quête du succès au sein de votre entreprise, assurez-vous de trouver votre rythme. Soyez prêt à travailler dur pendant une saison, de faire un sprint lorsque c'est nécessaire pendant un bout de chemin, mais prenez également le temps de vous ressourcer auprès des membres de votre famille.

FAITES POUR VOUS-MÊME CE QUE VOUS FAITES POUR LES AUTRES

Tout en aidant votre lignée descendante à conserver sa vision, son talent et sa motivation, assurez-vous de faire la même chose pour vous-même. Entourez-vous de gens qui seront pour vous une source d'inspiration et de motivation, tout comme vous en êtes une pour les autres. Observez les gens que vous admirez et que vous aimeriez imiter afin de découvrir le secret de leur efficacité en tant que leaders et de leur prospérité dans l'industrie. Écoutez, regardez et apprenez. Faites comme tous les leaders exceptionnels : écoutez des CD, des DVD, et des cassettes audio, lisez de bons livres, rencontrez d'autres entrepreneurs dynamiques et offrez-vous les services d'un mentor afin d'aller chercher ce qu'il y a de meilleur en vous.

POURQUOI EST-IL SI IMPORTANT DE PROTÉGER VOTRE PROPRE VISION ?

- *Plus elle vous apparaîtra clairement, plus vous la suivrez avec confiance.*
- *Plus elle vous apparaîtra clairement, plus vous en parlerez avec autorité.*
- *Plus elle vous apparaîtra clairement, plus vous ferez preuve d'enthousiasme en la transposant dans la réalité.*

Chapitre 12

FAITES-VOUS CHEVALIER

De nombreux individus comprennent le pouvoir du marketing relationnel. Ils savent que cela fonctionne. Ils savent qu'il a transformé d'innombrables vies et apporté aux gens l'espoir, la liberté, la confiance, l'amitié et une qualité de vie qui, pour eux, avaient toujours fait partie du domaine de l'impossible. Ils en sont venus à croire en l'industrie, à croire en leur entreprise et en son potentiel de rémunération.

Il ne leur reste qu'une dernière décision à prendre avant de viser et d'atteindre de nouveaux paliers de succès – ils doivent déterminer s'ils croient en *eux-mêmes*. C'est le dernier obstacle qu'ils doivent franchir avant de pouvoir s'élancer librement et avec confiance vers la concrétisation de leurs rêves et l'atteinte de leurs buts. Si vous sentez que vous devez aussi franchir ce dernier obstacle, voici quatre mesures concrètes que vous pouvez prendre pour vous aider.

1. DÉPOSEZ UN NOUVEAU PLAN DE VOL

Dans le monde de l'aviation, les pilotes déposent un nouveau plan de vol chaque fois qu'ils s'apprêtent à quitter le sol. Avant même que l'avion ne roule sur le tarmac, son trajet et sa destination sont prédéterminés. Je vous conseille de faire la même chose au sein de votre entreprise de marketing relationnel. Déposez un *nouveau* plan de vol et énoncez clairement votre destination. Mettez par écrit la distance que vous avez l'intention de parcourir et les raisons qui vous poussent à vouloir atteindre cette destination.

Sans le savoir, de nombreux représentants vivent en tenant dans une main leurs nouveaux rêves et leurs nouvelles aspirations, et dans l'autre un vieux plan de vol. Mais au moment décisif, le vieux plan de vol, avec sa destination prédéterminée, enclenche le pilote automatique et ne tient pas compte des nouveaux buts. Certains individus, après inspection, découvrent que leur vieux plan de vol est non seulement périmé, mais qu'il est également inexact et restrictif. Plus important encore, ils sont étonnés d'apprendre que c'est une personne « bien intentionnée » qui a déposé ce plan de vol en leur nom. Il peut s'agir d'un ancien professeur, d'un conseiller pédagogique, d'un mentor, d'un parent, d'un conjoint, etc. Peut-être ce vieux plan de vol stipule-t-il :

Tu ne voleras jamais très loin.
Tu ne voleras jamais très haut.
Tu ne voleras jamais très vite.
Tu n'arriveras jamais à destination.
Tu ne dirigeras jamais une escadrille.
Ton avion s'écrasera et s'enflammera.
Tu ne quitteras même jamais la piste.

Pour certains individus, cela leur est tellement familier qu'ils n'en remettent pas la validité en question. Si vous voulez vraiment briller dans l'univers du marketing relationnel, vous devez examiner votre plan de vol actuel et vous donner la permission de le réviser à volonté. Voici deux exemples de plans de vol qui auraient pu limiter grandement la durée du voyage de Rick et de Diane :

RICK : Rick se rappelle très bien un samedi matin où, enfant, il roulait en voiture avec son père qui était facteur. Ils étaient passés devant un domaine privé entouré de hauts murs et de grands chênes. Curieux, Rick avait demandé à son père : « Qu'est-ce qu'il y a là-dedans, papa ? » Son père a répondu : « Ne te pose même pas la question parce que tu ne seras jamais invité à l'intérieur de ces murs. C'est un club privé pour les riches qui jouent au golf. »

DIANE : Diane et son mari jouissaient du fruit de leurs efforts. Ils avaient osé rêver, ils avaient travaillé dur et la prospérité était au rendez-vous. Peu de temps après s'être installés dans leur magnifique nouvelle maison à Dallas, au Texas, ils ont reçu la visite des parents de Diane. Après avoir faire le tour du propriétaire et admiré la piscine dans la cour arrière, la mère de Diane a finalement pris la parole. Elle s'est tournée vers sa fille et a dit : « Qu'est- ce qui te fait croire que tu as le droit d'être la première personne de notre famille à être riche ? »

Que s'est-il passé ? Dans le cas de Rick, son père lui a donné un plan de vol assorti d'un message clair : nous ne sommes pas riches et *tu* ne seras jamais riche. Je suis un col bleu et *tu* en seras également un. Nous appartenons à la « classe populaire » et *tu* ne seras jamais invité dans le cercle fermé de la haute société.

Dans le cas de Diane, sa mère lui a rappelé le plan de vol qui avait été déposé *en son nom*. Il stipulait : « Tu ne t'élèveras pas au-dessus du niveau de médiocrité dans lequel vit ta famille. Tu n'as pas le droit de voler plus haut que le reste d'entre nous. Redescends sur terre et respecte le parcours qui t'est destiné. Tu devrais avoir honte. »

Doutez-vous du pouvoir de tels plans de vol ? Après ce commentaire de sa mère, l'entreprise de Diane s'en est allée à la va comme je te pousse. Son mari et elle ont finalement perdu cette maison dont ils avaient toujours rêvé. Ce n'est que lorsque Diane a entendu l'une de mes allocutions qu'elle a compris ce qui s'était passé. Inconsciemment, elle avait docilement repris sa place dans le rang et recommencé à voler en respectant le vieux plan de vol que ses parents avaient déposé pour elle. Heureusement, Diane a maintenant son propre plan de vol et elle s'apprête à s'envoler encore une fois vers de nouvelles destinations.

En ce qui concerne Rick, il s'est donné la permission de déposer son propre plan de vol. Il a refusé que ce que l'on avait planifié pour lui devienne sa réalité. Il en a établi un nouveau qui stipulait : « Il n'y a pas de limites à la distance que je peux parcourir et à l'altitude que je peux atteindre. » Rick vient de faire un séjour à l'Augusta National, l'un des clubs de golf privés les plus sélects du monde où il était l'invité d'honneur. Il est loin du plan de vol que son père avait prévu.

Assurez-vous d'avoir un plan de vol qui vous laisse toute la liberté voulue pour atteindre de nouveaux sommets et de nouvelles destinations.

2. FAITES-VOUS CHEVALIER

Quand Elton John a été invité à l'émission *The Tonight Show* animée par Jay Leno, j'ai écouté avec fascination le récit de son adoubement par la reine d'Angleterre. Cela avait indéniablement été un grand événement pour ce musicien que de s'agenouiller devant la reine, d'être fait chevalier et de recevoir le titre de « Sir » Elton John.

J'ai été intrigué par un aspect particulier de son histoire. Le titre qui lui a été conféré provenait d'une source *extérieure*, mais avait un profond impact sur sa vie *intérieure*. Mais voyons les choses en face : la plupart des gens ne seront jamais invités à s'agenouiller devant la reine d'Angleterre afin de recevoir un titre de noblesse. Donc, que devrait faire l'individu moyen devant cette improbabilité ? Attendre toute sa vie, comme tant de gens le font, que quelqu'un (un parent, un conjoint, un employeur, un professeur, etc.) l'auréole de dignité, de compétence ou d'une autre noble qualité ?

> **« Faites-vous chevalier. N'attendez pas que quelqu'un vous adoube. »**

Mon conseil est simple : faites-vous chevalier. N'attendez pas que quelqu'un vous confère ce dont vous avez besoin pour vous envelopper de dignité personnelle et connaître le succès devant le monde. Cessez d'attendre que quelqu'un vous donne le courage, le cœur et l'intelligence dont vous avez besoin pour réussir dans la vie et dans notre industrie.

J'ai parlé plus tôt du *Magicien d'Oz*. Vous rappelez-vous ce que le lion, l'homme de fer-blanc et l'épouvantail ont demandé au Magicien ? Le lion voulait du courage, l'homme de fer-blanc voulait un cœur et l'épouvantail voulait de l'intelligence. Comment se termine le film ? Le Magicien exauce le vœu de chacun des personnages. Mais en fait, ce qu'il leur a réellement appris, c'est que ce qu'ils cherchaient à l'extérieur *se trouvait déjà en eux*.

La même chose est vraie pour vous. Le germe de la grandeur se trouve déjà en vous. Cessez donc d'attendre que quelqu'un vous attribue les qualités qui appartiennent aux gagnants. (Et cessez d'écouter ces gens qui croient que vous avez tout pour être un perdant !) Faites-vous chevalier.

Si vous êtes incapable de le faire vous-même, je vous conseille de vous adresser à quelqu'un qui a beaucoup plus d'autorité que la reine d'Angleterre. Tournez-vous vers le Dieu vivant ou une Puissance supérieure, et demandez-Lui de déposer sur vos épaules dignité, amour et compétence. Sa réponse sera claire : « Tu as déjà la dignité. Tu as été créé à mon image. Tu es déjà aimé. Tu as été attendu, voulu et aimé avant même que les fondations du monde soient posées. Je t'ai déjà doté de compétence. Tu possèdes déjà tout ce qui est nécessaire pour réussir dans la vie. »

Une fois que vous vous serez permis de devenir chevalier, levez-vous et vivez avec dignité, autorité et compétence, non pas uniquement parce que vous croyez en notre industrie, mais aussi parce que vous croyez en vous-même.

3. ATTENTION AU VIRUS « I LOVE YOU »

Vous vous rappelez peut-être le ver informatique qui se cachait dans un courriel intitulé « I love you » (je t'aime). Ce virus très sophistiqué est un cheval de Troie des temps modernes qui a causé des dommages se chiffrant à plusieurs milliards de dollars à travers le monde. Il s'est répandu rapidement parce que le titre du courriel était si inoffensif que les internautes qui le recevaient avaient hâte de l'ouvrir pour prendre connaissance de son contenu. Malheureusement, le message qui semblait anodin était en fait très destructeur.

Si vous décidez de transformer votre vie et de vivre comme un entrepreneur, vous serez étonné par le nombre de gens qui vous enverront l'équivalent d'un message intitulé « I love you » qui ne fera rien de plus que de ronger vos aspirations, votre joie et votre confiance. Ces gens qui vivent dans le fuseau horaire de la bureaucratie et qui ont une vie qui ne mène nulle part vous rappelleront avec beaucoup d'aplomb pourquoi vous devez y penser à deux fois avant de vous lancer dans le marketing relationnel et adopter un nouveau mode de vie. Ils seront heureux de vous raconter toutes les anecdotes négatives qu'ils ont entendues à propos de notre industrie.

> **« ... ne donnez pas aux autres le pouvoir de déterminer vos choix de vie. »**

D'un point de vue psychologique, plusieurs raisons peuvent expliquer pourquoi les gens vous envoient des messages destructeurs. Certains de ces expéditeurs sont sincères, mais mal renseignés. D'autres ont naturellement peur du risque et ils veulent que vous abordiez la vie avec une extrême prudence. Et d'autres encore ont tout simplement une attitude négative devant tout ce qui peut inspirer espoir et changement. Ce sont des experts lorsqu'il s'agit de voler la joie d'autrui. Quelques-uns ont même des motifs qui sont plus pernicieux... ils ne veulent pas que vous réussissiez et que vous ayez une qualité de vie supérieure à la leur.

Mais la plupart des gens qui vous enverront des messages exprimant leurs doutes sont honnêtement inconscients de la simplicité du succès, du pouvoir du marketing relationnel et de ce que signifie apprendre à penser et à vivre comme un entrepreneur plutôt que comme un employé. Ils n'ont aucune idée du pouvoir qu'un cours d'économie sur le terrain de golf a eu sur moi, ni du pouvoir qui découle de la combinaison des deux sources de revenu résiduel qu'apporte le marketing relationnel.

> **« La majorité des gens sont aveugles lorsqu'il s'agit de penser, de vivre et de réussir en tant qu'entrepreneurs. »**

Lorsque quelqu'un, incluant vos amis et les membres de votre famille, vous envoie un message dans lequel se cache un virus qui s'attaque à votre zèle ou à votre confiance, ne gaspillez même pas deux secondes à tenter de comprendre pourquoi. Apprenez plutôt à ignorer le message, comme un courriel que vous n'auriez pas lu. Ne comptez pas ce genre d'individus parmi vos conseillers entrepreneuriaux ou financiers. Étant donné qu'ils ne vivent pas avec les conséquences de vos choix de vie, ne leur donnez pas le pouvoir ou l'autorité d'influer sur vos décisions.

Rappelez-vous que la plupart des gens sont aveugles lorsqu'il s'agit de penser, de vivre et de réussir en tant qu'entrepreneurs. Ils ont été formés pour devenir des employés et nourrir des attentes financières modestes. Ils savent qu'ils travailleront pour de l'argent jusqu'à ce qu'ils prennent leur retraite à un âge avancé et ils ignorent comment faire travailler l'argent pour eux. Ils n'arrivent absolument pas à voir ce qui vous enthousiasme à ce point. Ils ne comprennent vraiment pas. Apprenez à être à l'aise avec cette réalité.

Chaque jour, je rencontre des gens qui ne sont pas des entrepreneurs. Ce sont de bons travailleurs qui n'ont absolument aucune idée de la facilité avec laquelle leur vie actuelle et future pourrait changer s'ils faisaient équipe avec d'autres entrepreneurs. Ces gens ne m'irritent pas, mais je ne leur permets pas de me voler ma vision un seul instant. Je pense plutôt à mon père.

Mon père a été aveugle pendant les 10 dernières années de sa vie. Il ne lui restait qu'une minuscule fenêtre d'environ 2,5 centimètres de diamètre dans le champ extérieur droit de sa vision périphérique. Chose étonnante, papa ne s'est jamais plaint d'être malvoyant.

Au fil des ans, je lui ai souvent demandé ce que cela faisait de devenir progressivement aveugle. Je me rappelle avoir dîné avec lui alors qu'il se nourrissait seul. Le matin, je l'observais ouvrir à tâtons ses diverses bouteilles de médicaments. Il ne demandait jamais qu'on l'aide. J'ai observé cet homme stoïque s'accrocher aux derniers vestiges de son indépendance et de sa dignité jusqu'au jour de sa mort. Mais il y a une chose que je n'ai jamais voulue. Je n'ai jamais voulu être aveugle comme mon père. Je n'ai jamais pensé que je devais être aveugle parce qu'il l'était. Je l'ai aimé et je l'ai laissé vivre sa vie, et j'ai continué à vivre avec gratitude dans le monde des voyants.

Et c'est précisément ce que je fais encore aujourd'hui. Lorsque je suis en compagnie de gens aveugles devant mes convictions, mon travail, mon succès et ma vie d'entrepreneur, je ne doute jamais de ma vision. Je ne crois pas qu'il me faut être comme eux. Je récite une prière et je remercie Dieu de pouvoir voir des choses qu'ils ne voient pas et poursuivre allègrement ma route. Étant des entrepreneurs, vous et moi vivons dans un monde de non-voyants et de non-croyants – si vous arrivez à accepter ce fait, vous ne serez pas troublé par les incrédules que vous croiserez et qui tenteront de vous transmettre un message dans lequel se cache un virus qui s'appelle « I love you ».

4. ATTENTION À CE QUE VOUS DITES !

Il existe une menace beaucoup plus dangereuse que le virus « I love you » et les plans de vol que d'autres déposent en votre nom. Et c'est ce que vous dites à propos de vous-même dans l'intimité de votre esprit. Les pires saboteurs que les gens puissent rencontrer sont eux-mêmes. Apprenez à faire attention à ce que vous dites ! Faites attention à ce que vous vous dites.

Enfant, j'adorais *Andy of Mayberry*. Vous avez probablement vu cette émission de télé. Vous rappelez-vous combien de balles Barney avait le droit de transporter et où il les conservait ? Barney ne pouvait qu'avoir une seule balle sur lui et il la gardait dans la poche de sa chemise. Pourquoi ? Parce que Barney avait la fâcheuse habitude de se tirer dans le pied !

Je trouve que de nombreux individus ont le même problème que Barney. Ils clopinent tout au long de la journée parce qu'ils se sont tirés dans le pied avec une arme équipée d'un silencieux dernier cri – c'est-à-dire leurs pensées les plus intimes. Leurs pensées négatives font tout autant de dégâts que de vraies balles. Personne ne peut être témoin du moment où vous vous blessez avec une pensée silencieuse, voleuse de rêves et faucheuse de confiance. On ne fait que remarquer que vous n'avancez pas à grands pas dans la vie et que vous manquez de confiance.

Comment pouvez-vous cesser de vous tirer dans le pied ?

Vous est-il déjà arrivé d'acheter un vêtement, par exemple un pantalon, et de trouver dans une poche un bout de papier sur lequel était écrit « inspecté par le n° 146 » ? En quoi consiste le travail de l'inspecteur n° 146 ? Il doit se pencher sur chaque vêtement qui sort de la chaîne de fabrication et l'examiner pour s'assurer qu'il n'a pas de défaut. S'il en détecte un, il déclare le vêtement inacceptable et l'écarte du lot.

Avec vos pensées, vous devez être comme l'inspecteur n° 146. Apprenez à examiner les pensées qui sortent de la chaîne de fabrication de votre esprit. Inspectez-les avant qu'elles puissent avoir une profonde influence sur vos émotions et votre comportement. Si vos pensées sont négatives, malsaines ou toxiques, empêchez-les de prendre toute la place et éliminez-les – jugez-les inacceptables. Rappelez-vous que soit vous apprendrez à maîtriser vos pensées, soit vos pensées vous maîtriseront. (Pour une révision de ce concept, voyez le chapitre 7 de mon livre *Allez jusqu'au bout de vos rêves*, « Comment mettre de la nouvelle gelée dans un vieux beignet ».) Les choses les plus dangereuses qu'entendent certains individus proviennent de leur propre esprit.

Passez une soirée au cinéma

Aimeriez-vous savoir ce que c'est que d'avoir un rêve et de réussir alors que l'on vit dans une collectivité, une culture et un foyer où presque tout semble être réuni pour vous empêcher de concrétiser votre rêve ? Louez le film *Ciel d'octobre*. Ce film, que la critique a pratiquement ignoré, raconte l'histoire vraie d'un adolescent qui a grandi dans une ville minière de la Virginie-Occidentale. C'est l'évocation parfaite d'un individu qui a osé déposer un nouveau plan de vol inédit et qui s'est ensuite retrouvé ostracisé et ridiculisé. Ses buts, qui paraissaient ridicules aux yeux de tous, soulevaient le doute et déplaisaient beaucoup.

Dès que l'occasion se présentait, les gens lui envoyaient le virus « I love you » et lui disaient d'accepter le plan de vol que d'autres avaient préparé pour lui. C'est le récit puissant, poignant et tendre d'un individu qui souhaite littéralement conquérir l'espace alors que son entourage veut qu'il passe le reste de sa vie à ramper dans la poussière. Ne faites pas que regarder ce film – étudiez-le. Ensuite, dressez votre propre plan de vol, cessez de lire ces courriels qui renferment des virus, faites attention à ce que vous dites et faites-vous chevalier.

Conclusion

QUELLE EST LA PROCHAINE ÉTAPE ?

J'aime vraiment aider les autres à donner le meilleur d'eux-mêmes. Chaque fois que je travaille avec des gens à titre d'accompagnateur professionnel ou de coach de vie, je leur rappelle que je ne suis rien de plus qu'un entraîneur qui restera sur la ligne de touche. Comme l'entraineur de futurs patineurs olympiques, je me tiendrai au bord de l'anneau. Je les étudierai, observerai, analyserai, critiquerai, encouragerai et je croirai en eux, mais ils ne doivent pas oublier que ce sont eux, les athlètes. Ce sont eux qui tentent d'apprendre de nouvelles choses, de développer de nouvelles habiletés et d'atteindre de nouveaux sommets.

Lorsque le travail aura été accompli, ce sont *eux* qui récolteront les honneurs. Ce sera *leur* victoire, *leur* fierté et *leur* satisfaction. Eux seuls se tiendront dans le cercle des vainqueurs. Ils monteront sur le podium et recevront une médaille d'or alors que retentira l'hymne national de leur pays et que son drapeau sera hissé. Ce sera leur rêve, leur travail et leur victoire. Je me sens honoré de me tenir dans les coulisses et de les aider. Le travail et la victoire, la volonté et la gloire, la douleur et la récompense leur appartiennent. Au final, les mentors n'ont pas leur place sur le podium.

Il est maintenant temps pour cet entraîneur de garder le silence et pour *vous* de vous lancer dans l'aventure. Il est temps pour vous de mettre en pratique tout ce dont nous avons discuté dans cet ouvrage. Pour emprunter les mots d'une ballade western : il est temps de « parler moins et d'agir davantage ».

Il est temps pour vous de commencer à travailler, à penser et à vivre comme un entrepreneur, et non plus comme un employé. Il est temps pour vous de cesser de penser au potentiel de notre industrie et de commencer à profiter des avantages qu'elle offre. Il est temps pour vous de cesser d'espérer réussir et de commencer à jouir du succès.

Il est temps de laisser vos rêves vous nourrir, votre détermination vous guider, et votre confiance en vous et en notre industrie renforcer votre autonomie. Il est temps d'embrasser la simplicité du succès.

Il est temps de vous faire chevalier et de déposer un nouveau plan de vol. Il est temps pour vous d'ignorer la peur et les manifestations d'incrédulité. Il est temps pour vous de libérer votre esprit, de concentrer vos pensées et de rassembler votre volonté. Il est temps de vous laisser entraîner, sans contrainte, dans la direction de vos rêves.

Après beaucoup d'efforts, vous *monterez* sur le podium des vainqueurs. Et lorsque vous le ferez, j'éprouverai en silence le plaisir d'avoir joué un petit rôle dans votre extraordinaire réussite.

Je viens d'entendre votre nom… il est temps pour vous d'occuper le devant de la scène. Il est temps pour vous de briller.

Bonne chance!

L'INFOLETTRE BARRETT

Un regard sur le monde entrepreneurial
– idées et encouragements

Laissez Tom Barrett vous aider à conserver votre détermination et votre motivation. Une fois par mois, Tom envoie par courriel le *Barrett Bulletin* (en anglais seulement) à des entrepreneurs tels que vous.

Pour recevoir cette infolettre gratuitement,
rendez-vous sur :

www.daretodream.net

et cliquez sur « free newsletter »

Vous recevrez ainsi des encouragements qui vous aideront à rester déterminé dans votre quête du succès.

Du même auteur
aux Éditions Un monde différent

Allez au bout de vos rêves

Découvrez un tout nouveau potentiel de rendement et le sens du succès grâce au marketing de réseau

Découvrez : • La prospérité dont il est à l'origine • La psychologie de la réussite personnelle • Comment penser et vivre comme un entrepreneur • Comment diriger efficacement une chaîne de représentants • Comment vous fixer des attentes financières réalistes • Comment prendre en main votre vie et votre avenir • Comment réussir grâce au marketing de réseau

MARQUIS

Québec, Canada

RECYCLÉ
Papier fait à partir de matériaux recyclés
FSC® C103567
FSC
www.fsc.org

Imprimé sur du Rolland Enviro, contenant 100% de fibres postconsommation et fabriqué à partir d'énergie biogaz. Il est certifié FSC®, Procédé sans chlore, Garant des forêts intactes et ECOLOGO 2771.

PERMANENT
100%
BIO GAZ® ÉNERGIE
Garant des forêts intactes[MC]